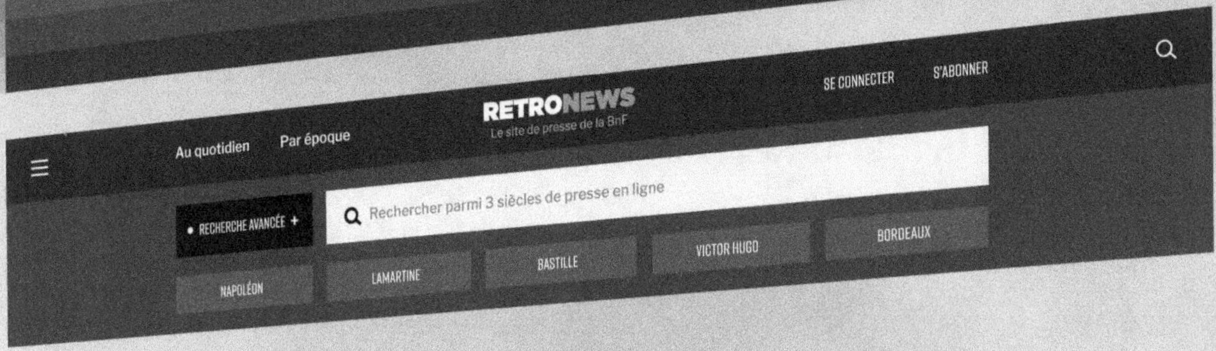

JOURNAL

DE LA

SOCIÉTÉ D'ARCHÉOLOGIE

ET DU

COMITÉ DU MUSÉE LORRAIN.

DIX-SEPTIÈME ANNÉE. — 1868.

NANCY,
A. LEPAGE, IMPRIMEUR DE LA SOCIÉTÉ,
Grande-Rue (Ville-Vieille), 14

1868

JOURNAL

DE LA

SOCIÉTÉ D'ARCHÉOLOGIE

ET DU

COMITÉ DU MUSÉE LORRAIN.

17e ANNÉE. — 1er NUMÉRO. — JANVIER 1868.

Nous sommes obligés de remettre à un prochain numéro la table des 16 premiers volumes du *Journal,* que nous avons promise à nos abonnés.

Le volume des *Mémoires* de 1867 va être distribué aux membres de la Société.

SOCIÉTÉ D'ARCHÉOLOGIE.

TRAVAUX DE LA SOCIÉTÉ.

Séance du 13 décembre.

PRÉSIDENCE DE M. HENRI LEPAGE, PRÉSIDENT.

Le Secrétaire donne lecture du procès-verbal de la séance précédente, qui est ensuite mis aux voix et adopté.

Le Président communique une lettre de M. l'abbé Balthasar, par laquelle, après avoir témoigné le vif regret de se voir privé, par la nature de ses fonctions, qui le retiennent à Paris, du plaisir d'assister aux séances et de pouvoir coopérer aux travaux de la Société, cet honorable membre exprime le désir de voir continuer et achever le répertoire archéologique de la Lorraine, dont quelques parties déjà ont été données par MM. Benoit et Olry.

La Société ne peut que donner son assentiment aux idées émises par M. Balthasar, et elle engage vivement ceux de ses membres qui en auraient le loisir, à préparer et à lui soumettre les répertoires des divers cantons des départements lorrains qu'ils habitent.

Admission de membres.

Sont admis comme membres de la Société :

M. Brunement, ancien notaire à Nancy; M. l'abbé Doyotte, directeur de la Maison des hautes études; M. l'abbé Zamaron, curé de Bouxurulles (Vosges); M. Guénin, notaire à Remiremont (Vosges); M. le prince d'Hénin, membre du Conseil général des Vosges, au château de Bourlémont; M. Lanty, conservateur des hypothèques à Nancy; M. Remy, chef d'institution à Paris, propriétaire à Bouxières; M. Aubry, négociant à Mirecourt (Vosges); M. Edmond Elie, ancien officier de cavalerie, à Nancy, et M. Pierre Lallemand de Mont, étudiant en droit.

Ouvrages offerts à la Société.

Dominique Pergaut, peintre, par M. Alexandre Joly, architecte. (Extrait du *Journal de la Société*.)

Visite de S. M. I. R. A. l'Empereur d'Autriche à

la Chapelle ducale de Lorraine, par M. l'abbé GUILLAUME.

Sa Majesté l'Empereur François-Joseph à Nancy, par M. H. LEPAGE.

Annales de la Société d'Emulation du département des Vosges, tome XIIe, IIIe cahier, 1867.

Annuaire du commerce et de l'industrie. Almanach historique, statistique et administratif de la ville de Bar-le-Duc et du département de la Meuse, par MM. FLORENTIN et C. BONNABELLE. 1868.

L'Institut, journal universel des sciences et des Sociétés savantes en France et à l'étranger. IIe section. Sciences historiques, archéologiques et philosophiques, 32e année, juillet, août, septembre et octobre 1867.

Mémoires de la Société des Antiquaires de Picardie, 3e série, tome I, 1867.

Mémoires de la Société d'Archéologie, Sciences, Lettres et Arts du département de Seine-et-Marne, 4e année, 1867.

Annales de la Société archéologique de Namur, tome IX, 4e livraison 1867.

De l'art chez les peuples primitifs après leurs migrations dans la Gaule. Examen critique des âges de pierre, de bronze et de fer, par M. LÉON FALLUE.

Lectures.

M. Henri Lepage termine la lecture du travail de M. E. Olry, intitulé : *La Montagne de Sion-Vaudémont*. La Société vote l'impression, dans le volume de ses *Mémoires* de 1868, de la partie de ce travail qui se rattache directement à la topographie de la montagne de

Sion-Vaudémont, ainsi que des cartes qui l'accompagnent.

M. Raoul Guérin donne lecture d'un mémoire sur *les tombelles antéhistoriques de la côte de Malzéville,* qui sera publié dans un des prochains numéros du *Journal de la Société.*

M. Ch. Laprevote, secrétaire, donne communication d'une *Note sur quelques pièces gravées par Ferdinand de Saint-Urbain.*

La Société, après avoir entendu la lecture de cette Note, décide qu'elle sera insérée au journal, et, s'associant au vœu émis par M. Laprevote, elle invite ceux de ses membres qui posséderaient quelques médailles ou jetons inédits gravés par Saint-Urbain, à les signaler à leurs collègues ; ceux de messieurs les membres de la Société qui ne résident pas à Nancy, sont priés d'adresser leurs mémoires ou notices, soit à M. le président, soit au secrétaire de la Société.

MÉMOIRES.

NOTE SUR QUELQUES MÉDAILLES GRAVÉES PAR FERDINAND DE SAINT-URBAIN.

Jeton inédit de la ville de Nancy.

Parmi les jetons gravés par Saint-Urbain que je possède et que je collationnais dernièrement, d'après l'excellent catalogue de l'œuvre de ce maitre, que notre savant et zélé collègue M. Beaupré vous a soumis, et qui doit paraître dans le prochain volume des *Mémoires de la Société d'Archéologie lorraine,* j'ai eu le plaisir d'en découvrir un qui nous avait échappé, à M. Beaupré et à moi, lors de l'examen que nous avions fait de ce qui se trouvait sur mes cartons, et dont je m'empresse de donner ici la description.

C'est un cinquième jeton de la ville de Nancy, qui est sans date, et qui a été frappé avec le coin du droit du jeton de 1708, représentant la ville de Nancy flanquée des quatre bastions, et avec le coin du revers du jeton de 1729, aux armes de la ville dans un écu entouré d'un lambrequin : ce sont, comme on le voit, les coins des deux faces de ces jetons qui se trouvent sans date, que l'on a employés pour frapper celui-ci.

Quand et pourquoi ce jeton a-t-il été frappé ? Je l'ignore, et je crois qu'il n'existe aucun document qui puisse nous renseigner à ce sujet ; mais voici les trois suppositions que l'on peut faire et que j'aurai à examiner plus tard.

En 1730, 31 ou 32, ou après 1733, a-t-on fait une émission de jetons, pour laquelle, et afin de ne pas faire graver des coins spéciaux, on se sera servi des coins des revers sans date des jetons précédents ? ou bien n'est-ce qu'un jeton de fantaisie qu'un amateur quelconque aura obtenu de la bienveillante complaisance des employés de la monnaie ? ou bien encore serait-ce le résultat d'une erreur de la part de l'ouvrier qui était chargé de frapper à la Monnaie ?

J'écarterai tout d'abord cette dernière hypothèse, car il n'est pas probable que l'ouvrier ait eu à sa disposition les coins du jeton de 1708, alors qu'il était occupé à frapper le jeton de 1729 ou celui de 1733.

Quant à la seconde hypothèse, elle me semble tout aussi difficile à admettre : nous savons tous en effet de combien de précautions minutieuses on usait lorsqu'il s'agissait de permettre à Saint-Urbain de faire frapper ses jetons ou ses médailles à la Monnaie de Nancy, et si l'erreur ne paraît pas possible, pourrait-on supposer, tout en laissant de côté les difficultés matérielles, qu'un employé de la Monnaie se sera exposé à perdre sa place pour faire plaisir à un amateur quel qu'il soit ; je ne le pense pas, et c'est par ces motifs que je penche plutôt pour la première supposition, à savoir : que ce jeton a dû faire partie d'une émission régulière et officielle. Et s'il n'a pas encore été signalé, cela tient probablement à ce qu'on l'a confondu jusqu'à présent, tantôt avec le jeton de 1708 ou de 1723, tantôt avec celui de 1729 ou de 1733, selon qu'on s'attachait à l'une ou à l'autre de ses faces. Il suffira sans doute qu'il ait été décrit pour que l'on en découvre de nouveaux exemplaires.

Deux médailles de la suite du Régent.

Pendant que je préparais la petite note qui précède, j'ai trouvé à acquérir une des médailles de la suite du Régent, dont les légendes se trouvent différemment décrites par M. Beaupré dans son Catalogue, et par Mory d'Elvange dans son Essai historique sur les progrès de la gravure en médaille chez les artistes lorrains, en sorte que l'on pourrait croire qu'il ne s'agit que d'une seule et même médaille. Comme je possède aujourd'hui les deux pièces portant les deux légendes différentes, je crois devoir les décrire de nouveau toutes deux.

L'une présente au droit : le Régent avec la légende, précédée d'une demi-fleur de lis : PHILIPPVS. DVX. AVRELIANENSIS en gros caractères, et au revers : le buste de Louis XV jeune, tourné à droite, la tête laurée : LVDOVI-

CVS. XV. D. G. FR. ET. NAVAR. REX.; devant cette inscription une petite rose. La petite fleur de lis qui commence la légende du droit se trouve en partie cachée par les boucles de la chevelure du duc d'Orléans. C'est la pièce décrite par M. Beaupré.

La seconde médaille offre également au droit la même tête du Régent, mais avec la légende en capitales plus petites, et sans la fleur de lis : PHILIPPVS. AVRELIANENSIVM. DVX. REGENS. — Au revers, on retrouve la tête de Louis XV, également laurée, mais avec la légende donnée par Mory d'Elvange, et précédée d'une petite rose : LVDOVICVS. XV. D. G. FR. ET. NAVAR. REX. ACADD. (*sic.*) PR.

Ces deux pièces portent à l'exergue, sur chacune de leurs faces, la signature S. V.

On sait qu'en 1672, après la mort du chancelier Séguier, qui avait succédé au cardinal de Richelieu comme protecteur de l'Académie française, les académiciens décidèrent qu'ils ne reconnaitraient plus d'autre protecteur que le roi; Louis XIV, ayant consenti à accepter ce titre, voulut qu'à l'avenir les séances de la docte compagnie eussent lieu au Louvre; c'est le sujet d'une médaille qui fut gravée en 1672.

Saint-Urbain voulut, sans doute, flatter le jeune roi Louis XV en lui donnant, sur la dernière médaille que je viens de décrire, le titre de protecteur de l'Académie, et, pour cela, il grava une seconde fois la tête du revers, comme il avait gravé deux fois celle de droite, en en changeant la légende. J'avoue que je n'ai pu découvrir pourquoi il a mis deux D au mot Académie.

On voit donc qu'il s'agit ici de deux pièces bien distinctes, dont les légendes sont différentes, et dont les têtes, quoique paraissant semblables, ont dû être gravées deux fois ; à moins que l'on ne prétende, ce qui serait encore possible, que le coin de la tête de Louis XV a servi pour les deux pièces, et que l'on s'est contenté, après qu'un certain nombre d'épreuves avait été frappé, d'ajouter, en les gravant au bas de la tête, les deux mots ACADD. PR.

Médaille de Charles V.

Il me reste encore à parler de la médaille de Charles V, au revers de laquelle se trouve une inscription rappelant en abrégé l'histoire de la vie de ce prince, et qui était un spécimen d'une seconde suite de médailles des ducs de Lorraine. M. Beaupré a donné dans son catalogue cette inscription, qu'il a empruntée à Mory d'Elvange, qui lui-même l'avait copiée fort inexactement, quoi qu'il dise en avoir possédé deux épreuves, sur quatre qu'il avait vues. Voici la description littérale du revers de cette rare médaille, dont un très bel exemplaire se trouve dans ma collection : il consiste en une inscription en quatorze lignes surmontée d'un alérion, et dont presque tous les mots sont séparés par une petite croix à double branche, dont celle du bas est fortement inclinée de chaque côté, ainsi qu'on peut le voir sur la gravure jointe à cette note ; les derniers mots de chaque phrase sont seulement suivis d'un point.

NIC FRANCISCI FILIVS | NATVS VIENNAE III APR | ANNO MDCXLIII. | CAROLO IIII PATRVO | SVCCESSIT MENSE SEPTEMB | ANNO MDCLXXV. | SPONSVS ELEON MARIAE | AVSTR POLON REGINAE | FERDINANDI II IMPERATORIS | FILIAE DIE VI FEBR | AN MDCLXXVIII. | MORTUUS WELSI | XVIII APRILIS | MDCXC.

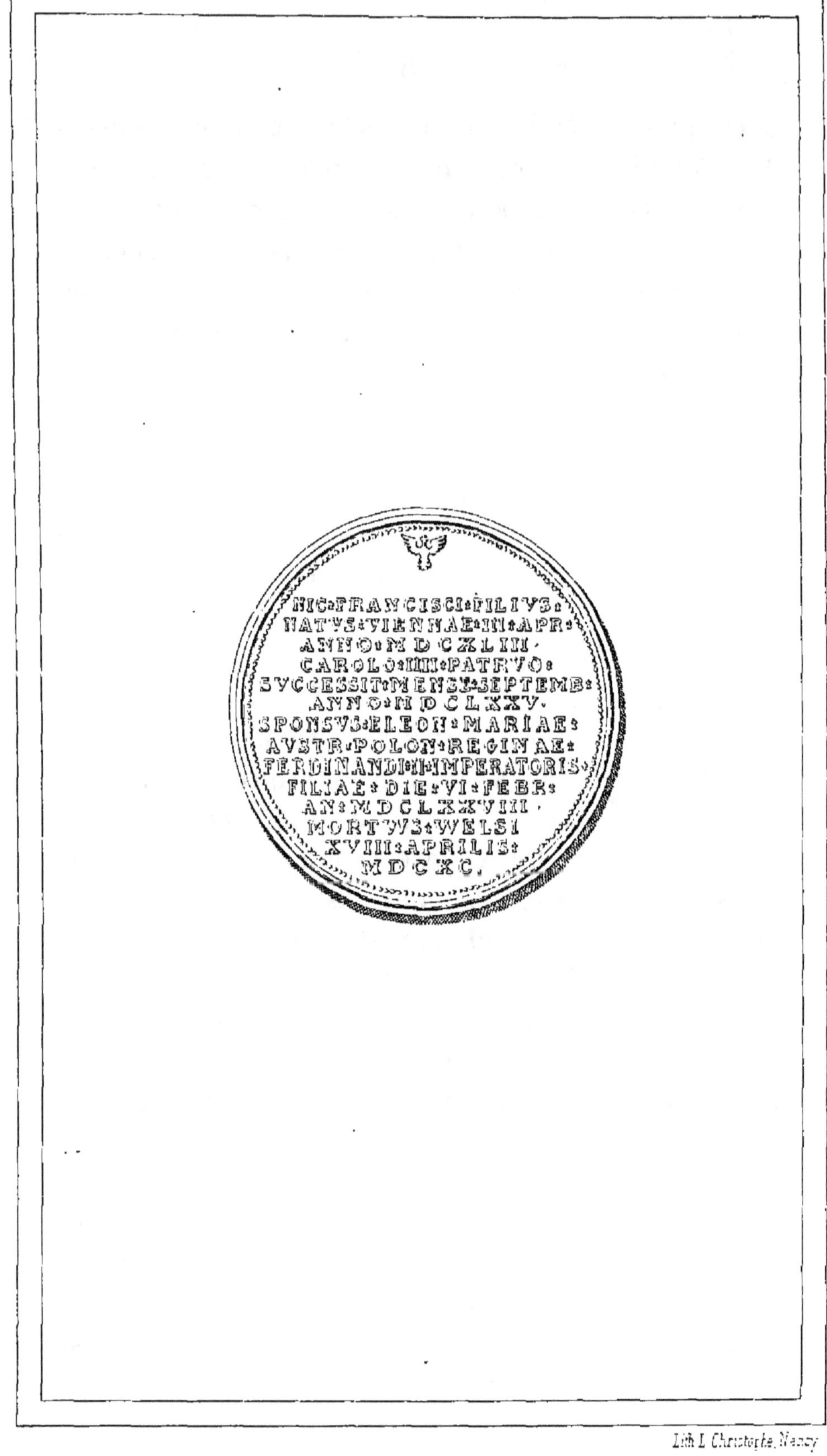

Lith L. Christophe, Nancy

Voici maintenant la transcription de cette inscription, telle que l'a donnée Mory d'Elvange.

Nic. Francisci filius natus Viennæ 2 april. anno 1643. *Carolo* 4° *patruo succedit mense septemb. anno* 1674. *Sponsus Eleonoræ Mariæ, Austr. Polon. Reginæ Ferdinandi III Imperatoris filiæ, die* 6 *febr. anno* 1678. *Mortuus Weselli* 18 *aprilis* 1690.

Il suffit de comparer ces deux copies pour reconnaître les graves erreurs commises par Mory d'Elvange ; on a d'autant plus lieu de s'étonner de cette négligence de sa part qu'il a mis en général la plus grande exactitude à décrire les nombreuses médailles dont se compose l'œuvre de Saint-Urbain[1].

Ch. LAPREVOTE.

SUR UN MÉREAU INÉDIT DU CHAPITRE DE LA COLLÉGIALE SAINT-GEORGES DE NANCY.

On sait que les méreaux étaient une sorte de monnaie conventionnelle que le *pointeur*, et quelquefois le chantre ou un autre dignitaire, donnait à chacun des chanoines

1. Au sujet de la note qui précède, la Société d'Archéologie engage ceux de ses membres qui s'occupent de numismatique lorraine, à rechercher, en se servant du travail de M. Beaupré, s'ils n'auraient pas en leur possession quelques pièces gravées par Saint-Urbain qui auraient pu échapper aux actives et intelligentes recherches de cet excellent collègue, et les prie de les communiquer : ce serait le moyen le plus sûr de parvenir à compléter, si faire se peut, le catalogue de l'œuvre de notre éminent artiste, et surtout de retrouver quelques-uns des jetons frappés par ordre de la ville de Nancy en l'honneur de personnages plus ou moins illustres, et dont on est loin de connaître tous les noms, ainsi que le constate M. Beaupré lui-même.

qui assistaient à l'office, afin d'établir, pour chacun de ces chanoines, son droit à la *distribution*. Ces sortes de jetons de présence, en latin *marallus, merallus* ou *merellus*, en français *mérel* ou *méreau* tiraient leurs noms du mot grec μερος ou μερης lequel signifie part ou portion. A certaines époques, les chanoines se rendaient chez le trésorier du chapitre, qui leur remboursait en monnaie courante l'équivalent des méreaux qu'ils avaient reçus. C'était, comme on le voit, une récompense de leur assiduité à assister aux offices.

En 1861, notre regrettable confrère M. Aug. Digot a publié, dans le volume des Mémoires de la Société d'Archéologie, un intéressant travail ayant pour titre : « Sur quelques méreaux du chapitre de Toul ». Ce travail, que je relisais ces jours derniers, m'a engagé à examiner un méreau que je possède depuis assez longtemps déjà et que je n'avais pas eu le temps d'étudier jusqu'ici. En voici la description :

Il est en plomb, comme la plupart des méreaux, et d'un travail assez grossier, comme on en peut juger par le dessin qui accompagne cette notice. La grossièreté du travail et la naïveté des images peuvent nous autoriser à conjecturer qu'il a été coulé vers le xve siècle ou tout au commencement du xvie.

Il représente d'un côté (*a*) un guerrier debout, tenant de la main droite une lance au haut de laquelle flotte un petit étendard à deux pointes. La main gauche repose sur un objet assez peu distinct, mais dans lequel j'ai cru reconnaître un écusson. Autour, entre un cercle et le bord du méreau, se trouve une suite de petits ronds accolés les uns aux autres.

Le second côté (*b*) représente un guerrier à cheval

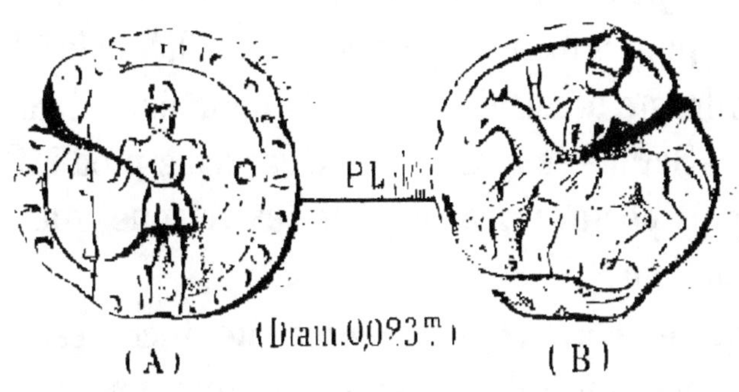

(Diam. 0,093ᵐ)

(A) (B)

MÉREAU
du Chapitre
DE LA COLLÉGIALE DE SAINT-GEORGES
DE NANCY.

terrassant un dragon, en forme de lézard. La tête du monstre est peu visible, mais les pattes, le corps et la queue sont parfaitement distincts.

Le côté (*a*) représenterait-il le duc de Lorraine régnant à l'époque où le méreau a été coulé? C'est ce qu'on ne peut affirmer. Serait-ce une allégorie? La pièce est trop fruste à certains endroits pour nous éclairer sur ce point. Serait-ce enfin saint Georges à pied? C'est ce que je suis porté à croire pour les raisons que j'exposerai plus loin.

Quant au côté (*b*), il représente incontestablement saint Georges tel qu'on le figure ordinairement.

M. H. Lepage a publié dans le premier volume des Bulletins de la Société, une notice fort remarquable sur le chapitre et la collégiale de Saint-Georges. Parmi les planches qui accompagnent cette notice, une donne le dessin du sceau de cette collégiale, et l'on peut remarquer de grandes similitudes entre ce sceau et le méreau qui nous occupe.

Ainsi, le grand sceau représente saint Georges à cheval, terrassant un dragon, de même forme que celui qui se voit sur le méreau.

Le contre-sceau représente saint Georges à pied, vêtu d'une tunique, tenant de la main droite une oriflamme décorée du signe de la croix, et la main gauche appuyée sur un bouclier. Le côté (*a*) du méreau figure également un guerrier à pied, vêtu d'une tunique, la main gauche appuyée sur un bouclier et tenant dans la droite une oriflamme sur laquelle, après un examen minutieux, j'ai distingué une croix incomplète, à cause d'une cassure qui se trouve malheureusement en cet endroit.

Nul doute que ce guerrier ne soit saint Georges, patron de la fameuse collégiale, fondée par le duc Raoul en 1339.

Le méreau aura donc été la réunion, sur une même pièce, des images figurées sur le grand sceau et sur le contre-sceau de la collégiale.

La plupart des cathédrales ou collégiales faisaient usage de méreaux : on peut citer le chapitre de Toul, l'église collégiale de Saint-Wulfran d'Abbeville, celle de Màcon et bien d'autres encore. Pourquoi donc les chanoines de Saint-Georges n'auraient-ils pas suivi l'exemple des autres chapitres? Je n'en vois pas la raison, je l'avoue.

Quoi qu'il en soit, je suis donc porté à attribuer le méreau que je viens de décrire à la collégiale de Saint-Georges de Nancy. Je crois pouvoir émettre cette opinion après l'examen attentif et minutieux auquel je me suis livré, et après avoir exposé les similitudes, vraiment curieuses, que j'ai trouvées entre le méreau et le sceau de la collégiale de Saint-Georges.

Il est regrettable qu'on n'ait trouvé dans les archives de Saint-Georges aucun document qui nous apprenne si la collégiale a fait usage de méreaux, et qu'il n'existe, sur celui que je possède, aucune légende qui puisse nous éclairer et corroborer mon assertion.

J'appelle sur ce point l'attention des amateurs, en les priant d'examiner avec soin les *méreaux* qu'ils pourraient rencontrer et qui contiendraient quelques indices qui viendraient confirmer l'opinion que je viens de soumettre à leurs lumières.

Léopold QUINTARD.

NOTE SUR UN MANUSCRIT DE LA BIBLIOTHÈQUE D'ÉPINAL.

Ce manuscrit, écrit au xve siècle, selon toute probabilité, contient les statuts de la ville de Toul, des évêques Othon de Grandson (1306), Jean de Heu (1371) et Philippe de Ville (1405); un calendrier commence le volume; au bas de chacune des douze pages de ce calendrier, écrit sur parchemin, se lisent, en belle gothique, les quatrains suivants, évidemment inédits :

Janvier.

Les six premiers ans que vit l'homme au monde
Nous comparons à janvier droictement
Car en ce mois vertu ne force abonde :
Nem plus que quant six ans a ung enffant.

Fevrier.

Les six ans après ressemblent à février
En fin du quel commence le printemps
Car l'esprit se ouvre prest est à enseigner
Et doulx devient l'enffant quant à un ans.

Mars.

Mars signifie les six ans ensuyvans
Que le temps change en produisant verdure
En celui eage s'adonnent les enffans
A maintz esbas sans soucy et sans cure.

Avril.

Six ans prochains vingt et quatre en somme
Sont figurez par avril gracieux
Et soub ceste eage est gay et joli l'homme
Plaisant aux dames courtois et amoureux.

May.

Au mois de may ou tout est en vigueur
Autre six ans comparons par droiture.
Qui trente jours, lors l'homme est en valeur
En sa fleur, force et beauté de nature.

Jun.

En jun les biens commencent à meurir
Aussi fait l'homme quant a trente-six ans

Pour ce en tel temps doit-il femme querir
Se lui vivant veult pourveoir ses enffans.

Jullet.

Saige doit estre ou ne sera jamais
L'homme quant-il a quarante deux ans
Lors la beaulté décline désormais
Comme en jullet, toutes fleurs sont passans.

Aoust.

Les biens de terre commence l'en cueillir,
En aoust aussi quant l'an quarante huict
L'homme approche : biens il doit acquérir,
Pour soutenir vielesse qui le suyt.

Septembre.

Avoir grandz biens ne fault point que l'homme cuide
S'il ne les a à cinquante quatre ans,
Nem plus que s'il avoit sa granche vuide.
En septembre plus de l'an n'aura riens.

Octobre.

Au mois d'octobre figurant soixante ans
Si l'homme est riche, cela est à bonne heure
Des biens qu'il a femme nourit et enffans,
Plus n'a besoing qu'il travaille ou labeure.

Novembre.

Quant à soixante-six ans l'homme vient
Représentez par le mois de novembre
Vieux et caduc et maladif devient,
Lors de bien faire est temps qu'il se remembre.

Décembre.

L'an par décembre prent fin et termine
Aussi faict l'homme aux ans soixante douze
Le plus souvent car vielesse le mine
L'heure est venue que pour partir se bouze.

CHAPELLIER.

JOURNAL

DE LA

SOCIÉTÉ D'ARCHÉOLOGIE

ET DU

COMITÉ DU MUSÉE LORRAIN.

17e ANNÉE. — 2e NUMÉRO. — FÉVRIER 1868.

Nous croyons devoir rappeler aux membres de la Société qui habitent hors de Nancy, que les réunions ont lieu le second vendredi de chaque mois, à six heures et demie du soir, au Palais ducal. Ils peuvent s'y présenter et y faire des communications, même sans avoir été portés à l'ordre du jour.

La circulaire suivante vient d'être adressée par S. Ex. M. le Ministre de l'Instruction publique aux présidents des Sociétés savantes :

« Monsieur le Président, j'ai décidé, par un arrêté du 15 janvier 1868, que la distribution des récompenses accordées aux Sociétés savantes des départements, à la suite du concours de 1867, aurait lieu à la Sorbonne, le samedi 18 avril 1868, à midi. Cette distribution sera précédée de quatre jours de lectures publiques, les mardi 14, mercredi 15, jeudi 16 et vendredi 17 avril.

» Je vous serai obligé, Monsieur le Président, de vouloir bien, dès à présent, faire connaître cette décision à MM. les membres de votre Société, afin qu'ils aient tout le temps nécessaire pour préparer les mémoires qu'ils se proposent de lire.

» J'ai l'honneur de vous rappeler que, dans les deux sections d'histoire et d'archéologie, aucun mémoire ne sera admis pour les lectures de la Sorbonne, s'il n'a été préalablement lu devant une Société savante des départements et jugé digne par cette Société de m'être proposé pour la lecture publique.

» Les manuscrits des notices et mémoires relatifs à l'histoire ou à l'archéologie devront m'être transmis, au plus tard, le 25 mars ; les registres d'inscription seront clos le même jour, sans exception, et une Commission, prise dans le sein du Comité des travaux historiques, déterminera l'ordre dans lequel les mémoires envoyés pourront être lus. La durée de chaque lecture ne devra pas dépasser vingt minutes. Dans le cas où des mémoires trop considérables seraient présentés, MM. les membres des Sociétés savantes voudront bien ne donner lecture que d'un résumé reproduisant les parties essentielles de leur travail.

» Le chiffre des billets à prix réduits, concédés à mon Administration par les Compagnies de chemins de fer, étant déterminé par le nombre même des personnes inscrites, je vous prie de m'envoyer, *avant le 25 mars*, la liste de ceux de MM. les membres de votre Société qui seraient délégués par elle, soit pour faire des lectures de notices ou mémoires, soit pour la représenter à la Sorbonne ; passé cette époque, il ne me serait plus possible d'assurer les mêmes facilités aux délégués qui me seraient désignés tardivement.

» Les billets destinés aux lauréats, aux lecteurs et aux représentants des Sociétés, valables du 6 au 20 avril, vous seront adressés en temps opportun. »

SOCIÉTÉ D'ARCHÉOLOGIE.

TRAVAUX DE LA SOCIÉTÉ.

Séance du 10 janvier.

PRÉSIDENCE DE M. HENRI LEPAGE, PRÉSIDENT.

Le procès-verbal de la séance du 13 décembre dernier est lu et adopté.

MM. le comte d'Alsace prince d'Hénin, l'abbé Doyotte, l'abbé Zamaron, Aubry et Remy ont adressé au Président des lettres par lesquelles ils remercient la Société de les avoir admis au nombre de ses membres.

Présentation d'un candidat.

M. Duserre, juge au tribunal de commerce de Nancy, est présenté par MM. Edmond Elie, Geny et H. Lepage.

Ouvrages offerts à la Société.

Observations sur l'enquête ouverte à Saint-Dié pour l'établissement d'un chemin de fer à travers les Vosges, par M. Valhey.

Assemblée générale de la Société de Saint-François-Xavier, de Nancy, du 10 novembre 1867.

Revue des Sociétés savantes des départements, 4e série, tome IV, octobre 1867.

Bulletin de la Société des Antiquaires de l'Ouest, 3e trimestre de 1867.

Bulletin de la Société d'études scientifiques et archéologiques de la ville de Draguignan, tomes VI et VII, années 1865 et 1866.

Recueil des notices et mémoires de la Société archéologique de la province de Constantine, 1er volume de la 2e série.

Envoi du Ministère d'État.

Dictionnaire d'architecture, par Viollet-le-Duc, tome VIII.

Statistique monumentale du département du Pas-de-Calais, tome II, 5e livraison.

Exploration archéologique en Asie-Mineure, 16e-20e livraisons.

L'Orient, 30e et 31e livraisons.

Lectures.

M. Léopold Quintard lit une *Note sur un méreau du chapitre de la collégiale de Saint-Georges de Nancy.*

M. H. Lepage donne lecture d'un mémoire intitulé : *La Juridiction consulaire de Lorraine et Barrois et la confrérie des marchands de Nancy.* La Société vote l'impression de ce travail dans le prochain volume de ses Mémoires.

MÉMOIRES.

LES TOMBELLES ANTÉHISTORIQUES DE LA CÔTE DE MALZÉVILLE (1re SÉRIE).

L'homme antéhistorique a laissé dans notre pays d'irrécusables témoignages d'un séjour prolongé. A côté d'importants ateliers de fabrication d'instruments en silex, qui nous montrent les progrès d'une civilisation naissante, appliquée à la défense personnelle aussi bien qu'à l'approvisionnement quotidien, nous trouvons aussi ses habitations ou, plus scientifiquement, ses stations, confiées ordinairement à l'abri d'un rocher, ou aux grottes profondes qui s'ouvrent dans nos coteaux calcaires. Ces flèches, si habilement sorties d'un éclat de silex, et ces haches de pierre que l'on recueille journellement et partout pour les placer dans les collections, en leur accolant le nom impropre de *Celtiques,* sont des traces presque impérissables de son activité incessante.

Mais à la chute de chacun des membres de cette grande famille, on prenait soin aussi de rendre un dernier hommage à celui qui n'était plus, en élevant sur ses restes, et suivant certains rites, un tertre, une butte de pierres, quelquefois même une colline entière; monuments d'une religion déjà fixe, nous initiant ainsi à ces mystères de la vie intime, qui, sans ce soin, demeureraient encore pour nous presque une énigme.

C'est surtout sur les hauteurs qu'ils plaçaient leurs tombeaux; rarement dans la plaine, les soustrayant ainsi à l'action destructive d'une main sacrilége, ou, guidés, comme beaucoup l'ont pensé, par l'idée d'un rapprochement plus facile avec la divinité. Quoi qu'il en soit, il est remarquable de constater que presque toutes ces tombes sont orientées, et que pour le plus grand nombre, cette orientation se trouve faire face au soleil levant.

Pendant les deux derniers hivers qui viennent de s'écouler, de concert avec M. Cournault, notre savant conservateur du Musée lorrain, j'ai recherché, dans un rayon peu éloigné de Nancy, s'il n'existait pas quelques monuments de ce genre. Mes recherches portèrent d'abord sur la vallée de la Meurthe; j'explorai, mais sans résultat, les plateaux de Vandœuvre, Villers, Laxou, Boudonville et Maxéville ; les revers de la Moselle, confinant à ces mêmes plateaux, me fournirent des résultats plus heureux que j'espère pouvoir analyser dans un prochain travail. Mais pendant ce temps, je découvris l'intéressante petite station palustre, dite du Noirval, dans la vallée des étangs de Champigneules.

Ce fut au mois de février 1867, que M. Cournault et moi, nous découvrîmes, dans un petit bouquet de bois couronnant le revers de la côte de Malzéville qui fait face à Essey, en un lieu qu'on nomme *à la Trinité*, plusieurs petits tertres formés entièrement de pierres assez volumineuses, et fort semblables, quant à l'aspect, à ces amas de pierrailles que confinent, à l'extrémité de leurs champs, les paysans de nos campagnes pour cultiver plus facilement. Au premier abord, une chose me frappait vivement; c'était l'ordre dans lequel ils étaient rangés. Disposés sur deux rangs et parallèlement l'un à l'autre, les uns ronds, les autres allongés, ils avaient un aspect tellement particulier, que de prime abord je soupçonnai des sépultures. Quelques fouilles que nous fîmes sur le champ, nous fournirent bientôt quelques fragments d'une poterie très grossière, quelques ossements brisés, au milieu desquels était une dent de bœuf intacte.

Je dus alors à l'obligeante bienveillance de M. Lepage, président de la Société d'Archéologie, la permission qui me fut accordée par M. Colin Saint-Michel, propriétaire du bois, de faire toutes les fouilles nécessaires à nos recherches.

Pendant ce temps, et continuant mes explorations sur le revers de la côte qui fait face à Malzéville, je fus fort étonné de trouver, à 500 mètres à peine du lieu de la première découverte, un monument bien plus considérable et non moins curieux que le premier. Le sol est couvert d'une série de petits monticules ne s'élevant guère à plus de 1 à 2 mètres au-dessus du sol environnant; mais en revanche, du milieu de cet ensemble, émerge une butte artificielle, haute de plus de 5 mètres, et d'un diamètre d'au moins 5 mètres, ressemblant à un anneau largement ouvert dont les extrémités seraient terminées par de très-forts renflements. Puis, à quelques pas de là, on descend dans un profond ravin circulaire au milieu duquel s'élève également un tertre considérable et entièrement isolé.

Très-surpris d'une semblable disposition, j'ouvris une de ces petites éminences : je la trouvai composée de pierres plates plus ou moins volumineuses, dont plusieurs portent manifestement la trace d'un feu intense. Au-dessous, une terre très-fine comme passée au tamis, puis des cendres reposant sur un foyer formé de grandes pierres plates, et recouvertes d'une quantité considérable de charbons. Au milieu d'eux était une hache, formée d'un galet quartzeux de la Meurthe, usé latéralement et présentant un tranchant manifestement façonné. Cet objet portait aussi la trace d'un feu violent; les brèches qu'il offre à son tranchant, ne doivent probablement pas avoir d'autre origine.

La sole de ce foyer, une fois enlevée, je continuai à m'enfoncer dans une terre semblable à celle que j'avais précédemment rencontrée, puis des cendres, du charbon et le sol véritable. Encore au milieu de ce charbon, je rencontrai une hachette en serpentine vert foncé, admirable comme finesse de tranchant et parfaitement intacte.

La puissance totale de tout ce dépôt dépassait deux mètres.

Pas un os, aucune poterie, nul métal ne se montrèrent durant toutes mes fouilles : un peu d'argile vitrifiée par l'intensité du feu, des cailloux rougis et des oursins fossiles calcinés, furent tous les éléments étrangers que je rencontrai dans ces tertres funéraires.

Ce qu'il y a de très-curieux, c'est la superposition parfaitement distincte de ces deux couches contenant chacune un objet, et définissant parfaitement une période que l'on est convenu d'appeler : période de la pierre polie.

Je fis encore quelques autres recherches pour pénétrer dans le monument central; mais, arrêté par les branchages, qu'il ne m'était pas permis de couper, je dus revenir à mes premières recherches.

Qu'il me soit permis d'ajouter que M. le docteur Godron, doyen de la Faculté des sciences, et M. Nicklès, professeur près la même Faculté, qui m'avaient fait l'honneur de venir visiter mes travaux, tout en hésitant à se prononcer d'une façon formelle, m'engagèrent à fouiller méthodiquement cet amas de monticules; ce fut aussi l'opinion de M. l'ingénieur de marine Schlumberger.

Dans mes premières explorations à la Trinité, j'avais cru n'avoir affaire qu'à 7 ou 8 sépultures; des recherches ultérieures m'ont permis de constater que la déclivité de la pente et les agents extérieurs en avaient détruit un plus grand nombre, dont la place toutefois est parfaitement indiquée, et le contenu absolument intact.

Jusqu'à ce jour j'en ai relevé plus de 15; nul doute que les portions de bois avoisinantes n'en contiennent un plus grand nombre.

Ces tombelles consistent, comme je l'ai dit plus haut, en des amas de pierres le plus souvent allongées; quelques-unes, cependant, sont circulaires; leur hauteur, prise du sol actuel, varie de 0^{m}60 c. à 1 m. 40; leur longueur va de 2 à 6 mètres, et leur largeur ne dépasse guère 2 mètres. Tout me porte à croire que cette longueur n'est pas celle qu'elles avaient primitivement, et qu'elle s'est accrue par l'écroulement des matériaux dans une même direction. Direction générale Nord-Sud, quelques-unes, environ, 3 ou 5, ont pour direction N.-E. O.-S.

Mes premières fouilles portèrent au centre d'un de ces massifs, qui, sans consistance, eut bientôt disparu. Mais arrivé au niveau du sol actuel, les pierres se continuent et ce n'est guère qu'à $0^{m}40$ c. plus bas que l'on trouve l'ancien sol; terre jaune rougeâtre, qui est un dépôt sur les pentes et non remanié. De $0^{m}40$ c. à $0^{m}60$ voilà la moyenne dont la base d'un de ces tumuli est enterrée par l'action des siècles. Je ne trouvai rien absolument dans le milieu, sur plus d'un mètre dans tous les sens; seulement au fur et à mesure que je dirigeais mon excavation plus près des bords, je rencontrais quelques os fendus, des fragments de poterie grossière, mais du corps pas la moindre trace.

Me rappelant l'exploration d'une tombelle, opérée par les soins d'un de nos archéologues les plus distingués, M. l'abbé Cochet, exploration dans laquelle une partie des objets fut trouvée en dehors de l'enceinte, je portai immédiatement mes recherches à l'extérieur; et là, à $0^{m}30$ c. au-dessous du sol, je trouvai sur $1^{m}50$ de largeur et environ $0^{m}20$ c. d'épaisseur une bande de terrain noirâtre, pétrie d'une quantité considérable de fragments plus ou moins gros, d'une poterie grossière, accompagnée d'une très-grande quantité d'os pour la plupart brisés, et brisés intentionnellement comme on pouvait le reconnaître; çà et là, de très-petits fragments d'os brûlés. Je donnerai une idée de la quantité de ces étranges matériaux que contiennent ces amas de pierre, en disant qu'un seul m'en a fourni plus d'une large corbeille.

Cette bande de terrain fait le tour du massif d'une façon régulière, conservant à peu près également partout la même épaisseur, le même développement, la même richesse. Elle repose et se termine directement sur la terre rougeâtre de l'ancien sol. A 1 mètre 60 c. en dehors du tertre, on ne trouve plus rien; au-dessous de 0m 70 c. en profondeur, il en est de même. Jusqu'à ce jour, huit tombes ont été successivement explorées et m'ont fourni des résultats identiques.

Examinons maintenant tout cet ensemble d'objets :

La poterie est de pâte fort grossière, rouge ou noire et façonnée, sauf un cas douteux, à la main. Elle est faite purement d'argile, ou d'argile très-mélangée de sable. J'ai pu retrouver d'un côté, dans les argiles bleues de la base du minerai de fer, à mi-côte d'Essey, et de l'autre, dans un vaste dépôt sableux, ou moraine latérale, au-dessus du village de Malzéville, les deux éléments constitutifs essentiels de cette fabrication. J'ajouterai seulement que du charbon et de forts grains de graviers quartzeux forment le mélange destiné à donner de la couleur et de la solidité à la pâte. Les fragments que j'ai recueillis semblent appartenir à 5 ou 7 vases de peu de capacité, par sépulture. J'ai tenté, quoique avec des fragments assez menus, un essai de restauration de quelques-uns d'entre eux, et l'on pourra se convaincre qu'ils appartiennent à des formes assez simples. Leur ornementation est faite à peu de frais et consiste, le plus souvent, en bourrelets appliqués au col ou à la panse, et portant assez rapprochées les unes des autres, des dépressions produites avec le pouce. D'autres encore offrent des lignes simples tracées en creux sur 1, 2, 3 et quelquefois 4 rangs, et faisant, d'une façon continue, le tour du col du vase;

ou bien les mêmes lignes forment, en s'entre-croisant sur une assez grande surface, une sorte de damier assez régulier. Ailleurs, un dessin dit en dents de loup, court tout le long de la panse en formant des angles réguliers, qui, à leurs sommets présentent une petite dépression du diamètre et de l'épaisseur d'une lentille. D'autres enfin, et c'est le plus grand nombre, sont complétement unis.

La dispersion des différents morceaux d'un vase est très-singulière; il faut souvent chercher fort loin le morceau correspondant à celui qu'on a déjà ramassé, et quelquefois, faire presque la moitié du tour de la sépulture; ce qui, joint à l'usure des bords, rend presque impossible la reconstitution complète d'un seul vase.

Les os sont dans un état d'altération très-avancé. Ils sont fortement colorés en brun rougeâtre par le dépôt qui les contient; séchés ils happent fortement à la langue tout comme les os extrêmement anciens, sortis des cavernes de Sainte-Reine, près de Toul, et se brisent très-facilement. Tous les os longs sont fracturés longitudinalement, et en grands éclats; ils sont disséminés également comme la poterie et en contact avec elle le plus souvent. Les os plats, de même que les os courts, sont intacts. Des dents, que l'on retrouve en grand nombre, de même que des os, j'ai pu reconstituer la faune suivante :

Le bœuf..... *bos ?*

Le cheval..... *equus caballus.*

Le cerf..... *cervus elaphus ?*

Le sanglier..... *sus scrofa ferus.*

Le cochon des marais..... *sus scrofa palustris.*

Le mouton ou la chèvre.

Le chien ou le loup.

Ce n'est pas sans étonnement, qu'on se trouve en présence d'un pareil ensemble de matériaux; mais, ce qui vient donner un peu de précision à toutes ces fouilles, c'est la présence des objets suivants :

Une petite pointe de flèche en silex de la craie, sans barbes récurrentes.

Une petite scie à os très-habilement faite de même roche.

Plusieurs autres morceaux également de même substance, apportés évidemment par l'homme, et portant des traces intentionnelles de son travail.

Quelques éclats de calcaire siliceux, colorés en rose intense par suite de leur long séjour dans la terre; et parmi eux, la base d'un petit instrument manifestement travaillé, ce qui, joint à plusieurs objets recueillis ailleurs et de même matière, ne permet plus de douter que les roches locales n'aient été employées; surtout, lorsque l'on songe que le calcaire siliceux ne se trouve affleurant que dans la vallée de la Moselle, au delà de Toul.

A cette liste, il faut ajouter :

Un grain de collier, petit tube cylindrique en terre grise.

Un autre plus plat, en une pâte très-homogène et noire.

Un fragment d'une valve de coquille portant la charnière et paraissant être une moule ou une anodonte.

Cinq fragments, de la grosseur d'une noisette, d'une substance noire, résineuse, peu odorante, et brûlant avec une flamme riche en carbone.

Enfin, une très-petite plaque de bronze, très-mince, de quelques centimètres de surface, reployée sur elle-même comme un anneau, et écrasée.

Que penser de tous ces faits ? Ne serait-ce pas là une sépulture du genre dit par incinération? Le corps, brûlé ailleurs (car, qu'on le remarque bien, il n'y a dans la tombe, aucune cendre, et j'ai à peine recueilli, en tout, 4 ou 5 petits morceaux de charbon), aurait été apporté là, et sur ses restes qui, se traduiraient aujourd'hui par de rares fragments d'os brûlés, serait élevé ce monticule de pierres. Puis, autour du tertre funéraire, aurait eu lieu un repas bien nettement accusé par les nombreux ossements d'animaux que l'on retrouve, animaux qui comme on l'a vu, appartiennent tous à des espèces comestibles, et sur les os desquels, on remarque les particularités que j'ai énoncées plus haut, à savoir : que ce sont les os longs, c'est-à-dire ceux précisément qui contiennent une substance utile comme la moelle, susceptible d'être employée comme aliment, ou pour tout autre usage, qui sont brisés en long, et que tous les autres, tels que les os courts et plats, qui ne contiennent qu'une très-minime proportion de la même substance, sont scrupuleusement respectés. Je ferai remarquer en passant, que toutes les peuplades antéhistoriques, dont les us et coutumes ont été jusqu'ici étudiés, ont procédé de même.

Sur certains fragments on reconnait les coups des hachettes qui les ont fait éclater ; plusieurs aussi présentent les marques laissées par les couteaux qui ont entamé la substance même de l'os ; un en particulier, porte un trait qui en fait complétement le tour avec une intention bien évidente, car il y a les traces de plusieurs reprises, et sur aucun de ces os on ne trouve de trace de feu.

Et cette poterie, en quantité si considérable, répartie

en fragments irréguliers tout autour du petit tertre, poterie qui ne dut être faite que pour ce seul repas? Il semble que l'on voie ces hommes à l'aspect rude et sauvage, rangés sous ces grands arbres, célébrant ces rites funèbres et brisant ces vases dont ils dispersaient les morceaux, dernier souvenir accordé à celui qui n'était plus !

Et ces instruments en silex, roche qui est étrangère au pays et qui, par cela même, a dû avoir une certaine valeur relative, elle qui était le métal de ces premières époques de notre histoire. Ces flèches, ces scies, ces éclats, ne sont-ils pas bien là les marques d'un dernier adieu? Tous, ils sont brisés ; c'est toujours la même interprétation de l'idée de séparation !

Je me suis demandé si toutes ces tombes s'étaient élevées en un même moment, ou si elles étaient le résultat de l'ensevelissement régulier d'une tribu stationnant non loin de là. La question semble difficile; cependant, sans compter la résoudre complétement, je dirai que j'ai retrouvé, dans des tombelles différentes, des os symétriques d'un même animal. Ne serait-il pas permis de supposer qu'une seule et même victime, dont aucune tombelle ne semble présenter à elle seule les os au complet, aurait, pour ainsi dire, servi à plusieurs sépultures, en même temps; puis ces tertres auraient été élevés dans le même moment, cachant peut-être ceux qui avaient été témoins de quelques-uns de ces combats, qui devaient être fréquents, à une époque où la terre était au premier occupant.

Quant à la période à laquelle elles appartiennent, il est excessivement difficile de se prononcer; mieux vaut s'abstenir ; car, d'une part, il ne suffit pas qu'une tombe contienne des objets de pierre pour faire partie de l'âge de pierre, de plus, dans les sépultures de Malzéville, apparait un fragment de bronze; serait-ce l'âge de ce métal? Pas davantage; puisque, rare même en fragments, il est associé à des instruments de pierre; c'est peut-être une période de transition. J'espère que de nouvelles fouilles me donneront peut-être la clef de cette énigme.

Raoul GUÉRIN.

ACQUISITION FAITE PAR LE COMITÉ.

Le Comité a acquis un portrait, à l'huile, de François-Joseph-Ambroise de Lorraine, abbé de Stavelot, chanoine de Cologne et de Liége, frère du duc Léopold, né le 8 décembre 1689, mort le 27 juillet 1715.

CHRONIQUE.

Notre honorable confrère M. Jules Gouy vient de recevoir la lettre suivante de l'ambassade d'Autriche à Paris :

« Paris, le 11 février 1868.

« Monsieur,

» Par votre lettre du 27 octobre 1867, vous avez bien voulu m'adresser, pour être soumis à l'Empereur, mon Auguste Souverain, un dessin représentant le monument élevé par vous, en 1842, sur votre domaine de Renémont, en mémoire de la victoire remportée par le duc René II sur le duc de Bourgogne, en 1477.

» J'ai l'honneur de vous informer que Sa Majesté Impériale et Royale Apostolique a daigné agréer cet hommage spontané qui lui rappelle les hauts faits d'un de ses ancêtres, et qu'elle m'a chargé de vous en remercier et de vous dire combien elle a été sensible à la pensée qui vous a fait ériger ce monument, ainsi qu'à l'envoi que vous avez bien voulu lui faire de la photographie qui rend si bien les lieux témoins du triomphe du duc René.

» Recevez, Monsieur, l'assurance de ma considération très-distinguée.

» *L'ambassadeur d'Autriche,*
» PRINCE DE METTERNICH. »

—

M. Lyautey, récemment nommé ingénieur en chef de la Côte-d'Or, a bien voulu nous communiquer un plan de Nancy qui semble être resté inconnu jusqu'à ce jour ; du moins, il ne figure pas sur la liste qu'a publiée M. Soyer-Willemet dans les *Mémoires de l'Académie de Stanislas*, en 1833.

Ce plan, sans nom d'auteur, a 0,435 de largeur et 0,345 de hauteur, avec une légende explicative au bas, à gauche ; en haut, du même côté, est gravée l'inscription suivante :

VRBIS NANCEI LOTHARINGIAE
Metropolis secundum formam quam hoc Anno
M. DC. XVII. habet exactissima delineatio.
LA VILLE DE NANCY CAPITALLE DE LA LORR AINE POVR
traicte au vif comme elle est en ceste année 1617.

Pour la commission de rédaction : le Président, HENRI LEPAGE.

Nancy, imp. de A. LEPAGE, Grande-Rue (Ville-Vieille), 14.

JOURNAL

DE LA

SOCIÉTÉ D'ARCHÉOLOGIE

ET DU

COMITÉ DU MUSÉE LORRAIN.

17e ANNÉE. — 3e NUMÉRO. — MARS 1868.

Messieurs les Membres de la Société d'Archéologie sont prévenus qu'en raison des fêtes et des vacances de Pâques, la prochaine séance aura lieu le 1er vendredi du mois, c'est-à-dire le 3 avril.

SOCIÉTÉ D'ARCHÉOLOGIE.

TRAVAUX DE LA SOCIÉTÉ.

Séance du 14 février.

PRÉSIDENCE DE M. HENRI LEPAGE, PRÉSIDENT.

Le procès-verbal de la séance du 10 janvier est lu et adopté.

M. l'abbé Guillaume, trésorier, donne une communication sommaire de ses comptes pour l'année 1867, et les dépose sur le bureau.

Il résulte de l'état des recettes et dépenses de la Société que :

1° Les recettes de l'année précédente se sont élevées à la somme de 3,952 fr. 60 c., formée comme il suit :

Reliquat de l'exercice précédent..........	1,007f 60c
Montant des cotisations pour l'année courante	1,595 »
Cotisations recouvrées ou avancées........	95 »
Abonnements au *Journal*	537 »
Abonnements recouvrés ou avancés	18 »
Allocation du Ministère de l'Instruction publique pour 1866, perçue en 1867.......	350 »
Pareille allocation pour 1868.............	350 »
Total......	3,952f 60c

2° Les dépenses, pendant la même année, se sont montées à la somme de 2,590 fr., dont voici le détail principal :

Impression du volume des ***Mémoires*** et du *Journal*	1,692f 65c
Lithographies pour les ***Mémoires*** et le *Journal*	254 »
Allocation pour l'impression du volume de *Documents*..........................	70 »
Ouvrages en menuiserie, etc., faits à la Bibliothèque	93 95
Entretien du mobilier, éclairage, etc.......	142 50
Frais de recouvrement des cotisations, de la	

distribution des convocations, du *Journal* et des *Mémoires*........................ 337 10

Total............. 2,590f »c

Ainsi, l'exercice de 1868 s'est ouvert avec un boni de 1,362 fr. 60 c. De plus, il reste à récupérer 41 cotisations et 21 abonnements au Journal.

Enfin, sur le nombre total des membres inscrits, trois sont morts dans le courant de l'année et cinq ont envoyé leur démission.

Sur le nombre des abonnés au Journal, deux sont morts, un seul n'a pas renouvelé son abonnement.

Le Président désigne MM. l'abbé Lallemand, Boiselle et Contal pour composer une commission chargée d'examiner ces comptes et de faire un rapport, qui sera déposé à l'une des plus prochaines séances.

Admission et présentation de membres.

M. Duserre, juge au tribunal de commerce de Nancy, est admis comme membre titulaire de la Société.

Sont présentés comme candidats : M. Lang, ingénieur civil des mines, à Essey-lès-Nancy, par MM. l'abbé Guillaume, H. Lepage et de Bonneval ; et M. Charles Guyot, garde-général des forêts, à Mirecourt, par MM. Laprevote, Bretagne et Rouyer.

Ouvrages offerts à la Société.

Sur un méreau inédit du chapitre de la collégiale de Saint-Georges de Nancy, par M. Léopold Quintard.

Note sur quelques médailles gravées par Ferdinand de Saint-Urbain, par M. Ch Laprevote.

Revue des Sociétés savantes des départements, 4e série, tome VI, novembre 1867.

L'Institut, journal universel des Sciences et des Sociétés savantes en France et à l'étranger, 11e section, décembre 1867.

Mémoires de la Société impériale archéologique du midi de la France, établie à Toulouse, tome IX, 2e livraison.

De l'art récemment qualifié antédiluvien. Examen critique des Graffiti, provenant des grottes de la Dordogne, par M. Léon Fallue.

Lectures.

M. L. Benoit commence la lecture d'un mémoire de M. l'abbé Kuhn, intitulé : *L'Ancienne Abbaye Notre-Dame de Lixheim*. La suite de cette lecture est renvoyée à la première réunion de la Société.

MÉMOIRES.

DÉCOUVERTE D'UN DÉPOT DE MONNAIES A SARREBOURG.

J'ai été prévenu dernièrement qu'un propriétaire de Sarrebourg, M. Heinrich, en faisant opérer des réparations dans sa cave, avait découvert un trésor de monnaies d'argent, pesant environ 10 kilogrammes.

La maison de M. Heinrich est située au commencement de la grande rue, du côté de la Sarre, et se trouve comprise dans l'enceinte fortifiée qui subsiste encore presqu'entièrement, et qui donne à la ville un aspect si pittoresque[1].

Je ne trouve rien dans l'histoire du pays qui puisse donner l'explication de la composition de cette trouvaille, où on est surpris de ne rencontrer aucune monnaie lorraine; il est vrai que la date la plus récente qui s'y trouve inscrite est l'année 1692, et qu'alors la Lorraine était réunie à la France.

Cependant le cours des monnaies lorraines n'avait pas été défendu, et il est bien singulier que, dans un aussi grand amas, il n'en existât pas une seule. On est également surpris de voir ce trésor composé à peu près par moitié de monnaies françaises, et l'autre moitié de monnaies des provinces belges possédées jadis par l'Espagne, lesquelles sont déjà éloignées, et de n'y rencontrer aucune monnaie des contrées du Rhin.

Ces monnaies sont toutes d'une très belle conservation et n'ont nullement été altérées par le frai.

Comme la date la plus ancienne remonte à l'année 1621, et la plus récente à 1692, faut-il penser que leur agglomération s'est faite par un possesseur avare, qui les enfouissait successivement, et faut-il expliquer leur provenance par le commerce que ce possesseur avait fait avec les Pays-Bas espagnols?

1. Cette enceinte me paraît avoir conservé la même forme que le *castrum* établi dans l'antiquité pour défendre le passage de la Sarre sur la voie romaine de Metz à Strasbourg. Elle a la plus parfaite ressemblance avec un autre *castrum* établi pour la défense du passage de la Chier, sur la voie romaine de Reims à Trèves, au lieu d'*Epoïssium*, aujourd'hui Carignan (Ardennes). Elle a la forme d'un carré long, dont le plus petit côté aboutit à la rivière. Cette ressemblance est tellement évidente qu'elle doit frapper tous ceux qui connaissent ces deux endroits.

Je donne ci-après l'indication sommaire des monnaies trouvées par M. Heinrich.

Monnaies de France.

Louis XIII. Ecus de 60 sols, années 1642 et 1643.

Pièce de 30 sols, années 1642 et 1643.

Pièce de 15 sols, années 1642 et 1643.

Louis XIV. Louis de 60 sols. Ecus aux trois fleurs de lis; années 1643, 1644, 1647, 1648, 1649, 1650, 1651, 1652, 1653, 1663, 1664, 1665, 1667, 1668, 1670, 1671, 1673, 1679, 1680, 1681, 1683, 1686, 1687.

Louis XIV. Louis de 30 sols aux trois fleurs de lis, années 1649, 1650, 1651, 1652, 1653, 1654, 1655, 1659, 1661, 1662, 1669, 1673, 1679, 1682, 1683.

L'écu du revers cantonné de Bourgogne ancien et de Bourgogne moderne, années 1655, 1667, 1685, 1686.

Louis de 30 sols, semblables, années 1650, 1680, 1683, 1685, 1686, 1687, 1689.

Louis de 60 sols. L'écu du revers écartelé de Navarre et de Béarn, années 1652, 1663, 1669, 1674, 1681.

Louis de 30 sols. L'écu du revers mi-partie de France et de Navarre, année 1654.

Louis de 15 sols, années 1645 jusqu'à 1692.

Monnaies de l'évêché de Liége.

Maximilien-Henry de Bavière. Ducaton, années 1671 et 1674.

Ecus, années 1663, 1664, 1665, 1666, 1667, 1668, 1669, 1670, 1671, 1674, 1677, 1678, 1685.

Monnaies d'un évêque de Saltzbourg.

Paris. Thaler, année 1626.

Suisse.

Thaler du canton d'Uri, année 1663.

Thaler du canton de Zurich.

Monaco.

Honoré II. Ecus de l'année 1653.

Ville de Besançon.

Thalers des années 1658, 1664, 1666.

Ville de Campen.

Thaler, un guerrier à cheval dans le champ, années 1659, 1669, 1676.

Thaler, un guerrier à pied, année 1660.

Provinces unies.

Thalers variés des années 1659, 1660, 1662, 1663, 1664, 1666, 1667, 1672, concernant différentes villes.

Pays-Bas.

Albert et Elisabeth, gouverneurs des Pays-Bas, nombreux thalers.

Philippe IV, roi d'Espagne, nombreux thalers concernant principalement les Pays-Bas, années 1622, 1623, 1624, 1629, 1631, 1632, 1635, 1636, 1638, 1639, 1645, 1646, 1648, 1649, 1650, 1653, 1653, 1654, 1655, 1656, 1662, 1664, 1665. Sur le thaler de 1631, Philippe IV prend le titre de seigneur de Tournay.

Demi-thalers, années 1632, 1645, 1646, 1649, 1655.

Charles III, roi d'Espagne, thalers moins nombreux, années, 1671, 1678, 1680, 1682.

Demi-thaler, année 1683.

BRETAGNE.

ACCORD ENTRE LES SEIGNEURS DE GOSSELMING (1555).

Le village de Gosselming était partagé en trois seigneuries : la moindre appartenait aux chevaliers de Malte, à cause de leur commanderie de Bassel ; ils possédaient quelques hommes et le moulin situé en amont du village, dont leurs sujets étaient banaux. Les deux autres seigneuries, bien plus importantes, étaient celles des barons de Sarreck et de Fénétrange. Leurs sujets allaient moudre au moulin d'Oberstinzel, les autres à Berthelming. On conçoit facilement que, de telles divisions, devaient naître souvent bien des difficultés ; c'est ce qui amena l'accord suivant[1] entre les sieurs de Lutzelbourg, barons de Sarreck, et les co-seigneurs du Brackenkopft de Fénétrange :

« Soit sceu comme différent fut meu entre feu Frideric de Lutzelbourg et présentement Bernard de Lutzelbourg, cappitaine de Sarbourg, et Anthoine de Lutzelbourg[2], frères, ses filz, demandeurs, d'une part, et dame Louyse de Stainville[3] comtesse de Salm, vefve, comme tutrice des enffans de feu Jean, comte de Salm, son marit, et d'elle, et Bastien de Landtsperg[4] ad cause de la seigneurie de la Teste du Bracque à Fénestranges, deffendeurs, d'aultre part, touchant la haulte justice et droictures du villaige et ban de Gosselminguen, sur quoy les parties

1. Trésor des Chartes, layette Steinsel, nº 31.

2. Bernard et Antoine de Lutzelbourg font leurs reprises pour Sarreck, en 1553, de Philippe IV, comte de Hanau-Lichtemberg.

3. Louise de Stainville douairière de Jean VIII comte de Salm, mère de Jean IX, de Claude et des filles, dont une devint la belle-sœur de l'amiral de Coligny.

4. Sébastien de Landsperg, administrateur et vice dême de l'Evêché de Strasbourg.

auroient accordé d'en venir amyablement par devant nous, arbitres choisis, dénommez cy après, et sont comparus ce jourd'huy par devant nous, sçavoir :

» Jean de Schwartzembourg, cappitaine de Guemunde (Sarreguemines) ;

» Wolff de Sebach, cappitaine de la Petite Pierre ;

» George de Wangen[1] a Geroltzeck et Wassichin, grand prevost de Saverne, en Aulsay, et :

» Wolf de Weckerscheim, cappitaine de Gugenheim, et après que lesdictes parties ont amplement proposé leurs demandes, responces, exceptions et deffences, et icelles par nous arbitres amplement ouyes et entendu :

» Avons accordé lesdictes parties de leurdict différent en la forme que s'ensuyt : assçavoir en ce qui touche l'authorité de la haulte justice, a esté accepté des deux parties que si doresnavant il advenoit que au villaige et ban de Gosselminguen soit appréhendé ung malfaicteur, icelluy sera présenté devant justice par le mayeur de Lutzelbourg[2], et, après la sentence prononcée, il fera faire l'exécution, et ce qu'ung étranger auroit soubz la ceincture, et les biens d'ung habitant de Gosselminguen seroient acquis à ceulx de Lutzelbourg et à leurs hoirs, comme confisquez à condition touteffois que si les parens ou héritiers du délinquant vouloient rachepter lesdicts biens confisquez, lesdicts de Lutzelbourg ou leur procureur seront tenus les restituer ausdicts héritiers, à

1. Cette famille existe encore. Elle a fourni un député à l'Alsace sous la Restauration. — Ce Georges de Wangen fut landvogt de l'Evêché dans l'Ortenau et chambellan de l'évêque de Strasbourg.

2. Le signe patibulaire était dressé à Gosselming pour la baronnie de Sarreck.

pris raisonnable, sans préjudice touteffois des censes, tailles et subsides des seigneurs, comme d'ancienneté.

» Secondement. A esté traicté, consenti et accepté que toutes treuves aians vie, qui seront trouvez au villaige et ban, la moictié en appartiendra ausdicts de Lutzelbourg et l'aultre moictié ausdicts seigneurs de la Teste du Bracque audict Fénestranges. Mais s'il se trouvoit au villaige deniers ou chose valant argent, qui n'eust vie, appartiendra seul ausdicts de Lutzelbourg et à leurs hoirs, et où telle treuve se feroit au ban, en sera usé comme des treuves aians vies.

» Tiercement. A esté dit et par les deux parties, consenty que toutes amendes qui se commectront au ban de Gosselminguen, soit d'injures, battures, pour faulchaige et pasturaige, ou aultres ne procédans de cas de crime et maléfice, se partiront par moictié et se débatteront par devant la justice de Gosselminguen.

» Quartement. A esté traicté que, au mesme temps que les seigneurs de la Teste du Bracque ont heu accoustumé jusques ici à faire tenir leurs plaidz annaulx en leur gaignaige ou court de Gosselminguen, pour déclairer leurs droictz et circuit, ne leur sera à l'advenir empesché à temps compétant, et auront pouvoir et puissance de faire appeller par leur mayeur censier les portariens et ceulx qu'il appartient y assister, ainsi que d'ancienneté, sans empeschement de nulluy.

Quintement. A esté soigneusement traicté que les amendes qui se commectront par essarter, coupper bois, prendre la paisson et aultres semblables ez bois appartenans à la seigneurie de Fénestranges de la Teste du Bracque, lesdicts seigneurs en joyront et en auront seulz les reprinses et corrections ; et sera usé des chasses en iceulx bois comme d'ancienneté.

Pour le sixième, en ce qui touche les mouches à miel, a esté traicté, accordé et accepté que toutes celles qui se trouveront dedans les troncz et arbres appartiendront seulles ausdicts seigneurs de Fénestranges de la Teste du Bracque ; mais ce qu'il s'en trouvera pendant aux branches seront ausdicts de Lutzelbourg et à leurs hoirs.

Pour le septième, en ce qui concerne la pescherie, a esté moyenné que ceulx de Lutzelbourg pescheront le ruisseau appellé Langest seulz, et au réciproque, les seigneurs de Fénestrange en la seigneurie de la Teste du Bracque auront pouvoir et faculté de pescher en la Sar, depuis la maison de Erbkochs Hans de Gosselminguen, jusques au lieu où ledict ruisseau de Langest (Langatte) entre en ladicte Sar, et ce en toute manière et sans empeschement desdicts de Lutzelbourg ny de leurs hoirs.

» Et moyennant ce, lesdictes parties seront et demeureront appoinctées et accordées de leur différent, sans que l'une d'icelles puisse plus avant troubler l'aultre en aucune manière. Ce qu'elles ont ainsi consenties en bonne foid et promis avec remerciement d'observer. En tesmoing de quoy sont esté escriptes et dressées deux lettres d'appoinctement toutes semblables, dont chacune partie en a une, et pour plus grande asseurance, séellées des seaux de nous arbitres sus nommez. Ce que je Jean de Schwartzembourg, cappitaine à Gueminde, Wolff de Sebach, cappitaine à la Petite Pierre, George de Wanguen et Gerolzeck au Wassichin, grand prévost à Saverne en Aulsay, et Wolff de Weckerscheim, cappitaine de Gugenheim, confessons avoir faict par prière, sans préjudice, touteffois, à nous et à noz hoirs.

» Faict et donné le ieudy sixième jour de juing, l'an que l'on comptoit de la moindre indiction après la Nativité de Jhesuchrist cinquante cincq, et séellées de quattre seaulx, chacun d'iceulx à doubles queues pendans[1].

» Translat faict à son original escrit sur parchemin, en langaige germanicque, sain et entier en séel et escriture, et se concorde au plus près en substance, intelligence et signiffication audict original. Tesmoing le seing manuel du soubsigné, clerc juré de Nancy. Humbert. »

Dans un titre de 1650, les Lutzelbourg sont reconnus hauts justiciers du village de Gosselming, mais ils devaient partager les amendes basses, commises sur le ban, avec les seigneurs de Fénétrange.

Ces derniers avaient un maire, chargé de recouvrer les cens et les amendes qu'ils devaient percevoir, et auquel ils avaient loué une maison franche avec cinquante jours à la saison et des prés à proportion.

En 1718, un sieur Houillen avait loué cette ferme pour trente ans, et se trouvait ainsi maire pour ses seigneurs à Gosselming ; le successesseur des Lutzelbourg dans la seigneurie de Sarreck, messire François-Eustache de Bande, chevalier, seigneur de Jeandelaincourt et autres lieux, voulut le forcer à subir la juridiction de ses officiers, à moudre dans son moulin seigneurial, et enfin à contribuer aux gabelles. Par suite de divers changements arrivés dans la propriété de la baronnie de Fénétrange, le duc de Lorraine Léopold se trouvait être un des co-

1. Le commandeur de Bassel ne fut pas compris dans cet accord. En 1579, on le voit protester contre les entreprises et les insolences que se permettaient les sieurs de Lutzelbourg contre ses sujets de Malte à Gosselming.

seigneurs à Gosselming avec M. de Bande. Houillen s'empressa de porter plainte au Conseil d'Etat du duc, son seigneur, et, par arrêt du 15 janvier 1719, M. de Bande fut déclaré non recevable dans ses prétentions. Un autre arrêt du Conseil d'Etat de Lorraine rendit au fermier la moitié des amendes, que le seigneur de Sarreck avait retenues. Enfin, un autre arrêt le déclara exempt de la subvention, et condamna les habitants de Gosselming, qui l'avaient attaqué, aux dépens (9 février 1729).

La maison franche de Fénétrange fut ainsi rétablie dans ses anciens droits, droits qu'elle avait perdus, sans doute, après les malheureuses guerres du XVIIe siècle.

ARTHUR BENOIT (de Berthelming).

LISTE DES LORRAINS ADMIS A L'INSTITUT EN 1796.

A la nouvelle formation de l'Institut national des sciences et arts de la République française, quelques-uns des nouveaux membres demeuraient ou étaient nés dans les départements lorrains.

Voici leurs noms, copiés sur la liste qui parut à la suite de la loi du 3 brumaire an IV[1].

PREMIÈRE CLASSE. — Sciences mathématiques et physiques :

1. Art. 9. le Directoire exécutif nommera quarante-huit membres, qui éliront les quatre-vingt-seize autres membres résidans. Les cent quatre membres réunis nommeront les cent quarante-quatre associés dans les départements.

A Paris, de l'Imprimerie de la République, Prairial, an IV, lj pages, in-12.

Astronomie, membre résidant, MESSIER (Charles), rue des Mathurins, hôtel de Cluny, 334.

Physique expérimentale, associé non résidant, LOISEL, près Bitche.

Chimie expérimentale, associé non résidant, NICOLAS, à Nancy.

Médecine et chirurgie, associé non résidant, SAUCEROTTE, à Lunéville.

DEUXIÈME CLASSE. — Sciences morales et politiques :

Morale, membre résidant, GRÉGOIRE (Henri), rue du Colombier (faubourg Saint-Germain), 16.

Economie politique, membre résidant, ROEDERER (Pierre-Louis), rue Ruffault (faubourg Montmartre), 499.

Economie politique, associé non résidant, FORBONNAIS (Véron), près Metz.

TROISIÈME CLASSE. — Littérature et beaux-arts :

Musique et déclamation, membre résidant, MONVEL[1] (Noël-Barthelémy), rue Neuve-des-Petits-Pères, 12.

Poésie, associé non résidant, PALISSOT, à Mantes (Seine-et-Oise).

Poésie, associé non résidant, FRANÇOIS-NEUFCHATEAU, à Epinal.

Peinture, associé non résidant, GIROUST (le peintre), à Serres, près Lunéville.

Les noms des quatre membres résidants sont bien connus; il n'en est pas de même de ceux de quelques-uns des associés, qui, peut-être, mériteraient d'être tirés de l'oubli.

1. Bon acteur, mais piètre personnage, tant sous le rapport physique que sous le rapport moral.

D'autres Lorrains, membres de l'ancienne Académie française : Saint-Lambert[1], Boufflers, Choiseul-Gouffier (ce dernier, en outre, associé des Académies des belles-lettres, de peinture et de sculpture), étaient émigrés ou cachés dans Paris. Le premier consul les fit entrer plus tard à l'Institut.

Messier était, depuis 1770, associé de l'ancienne Académie royale des sciences. Ce fut le seul Lorrain réadmis à l'Institut de la République.

Arthur BENOIT.

1. V., sur l'auteur du poëme des *Saisons*, Voyage aux quatre cimetières de Paris, par Ant. Caillot. Paris, 1808.

DONS FAITS AU MUSÉE LORRAIN.

M. Morey, architecte de la ville, a fait déposer au Musée une tête en pierre trouvée sur l'emplacement de l'Ecole forestière au mois de février dernier.

— M. Léopold Quintard a donné une assiette en faïence de Lunéville, aux armes de Lorraine ; le sceau des Tiercelins de Nancy ; le sceau d'un curé de Chaligny et celui d'un clerc-juré de Sauvigny.

— M. Tulpain, substitut du procureur impérial, a enrichi la bibliothèque d'un manuscrit ayant pour titre : « Commentaire de Monsieur de Mahuet, premier président de la Cour souveraine de Lorraine et Barrois, sur la coutume généralle de Lorraine, avec le texte à côté. » Ce Commentaire, quoique fort intéressant, n'a jamais été imprimé, mais il en existe de nombreuses copies.

BIBLIOGRAPHIE.

Le Président de la Société d'Histoire et d'Archéologie de la Moselle vient de faire distribuer le prospectus ci-après :

Publication des anciens Pouillés du diocèse de Metz, ou histoire ecclésiastique de ce diocèse.

La Société d'Archéologie et d'Histoire de la Moselle entreprend en ce moment la publication des anciens *Pouillés* manuscrits du diocèse de Metz, savoir : ceux de 1544 et de 1606 qui sont conservés à la Bibliothèque impériale, et celui du savant bénédictin dom Tabouillot, beaucoup plus étendu que les précédents et œuvre d'une science profonde, qui fait partie du cabinet des manuscrits de la bibliothèque de Metz. Aucun de ces manuscrits n'a encore vu le jour de la publicité.

La Société a confié la direction de ce travail à l'érudit auteur du *Pouillé de Toul*, M. Henri Lepage, l'un de ses membres honoraires, avec le concours de quatre de ses membres titulaires : MM. l'abbé Ledain, Charles Lorrain, Auguste Prost et Jules Thilloy. De tels noms garantissent assez le soin religieux et la scrupuleuse exactitude qui présideront à l'exécution de l'œuvre.

Cette publication, précédée d'une *Introduction* étendue et enrichie de notes nombreuses, présentera l'histoire détaillée et complète, au point de vue ecclésiastique, de toutes les paroisses, couvents, hôpitaux, collégiales, etc., etc., que comprenait l'ancien DIOCÈSE DE METZ, dont le diocèse actuel ne forme qu'une partie.

L'ouvrage, qui sera terminé pour la fin de la présente année, comprendra de 5 à 600 pages, du format grand in-8°, et d'une impression typographique soignée.

Le prix en est fixé à 5 fr. 50 pour les souscripteurs qui se seront fait inscrire avant le 1er avril prochain. Passé ce délai, le prix du volume sera porté à 7 fr. 50.

Il en sera tiré quelques exemplaires sur papier vergé pour les souscripteurs qui en feront la demande. Le prix de ces exemplaires sera de 7 fr. 50.

Le nom de MM. les souscripteurs sera publié à la fin de l'ouvrage.

On souscrit chez M. WIENER, secrétaire-adjoint de la Société d'Archéologie lorraine.

Pour la commission de rédaction : le Président, HENRI LEPAGE.

Nancy, imp. de A. LEPAGE, Grande-Rue (Ville-Vieille), 14.

12.

JOURNAL

DE LA

SOCIÉTÉ D'ARCHÉOLOGIE

ET DU

COMITÉ DU MUSÉE LORRAIN.

17e ANNÉE. — 4e NUMÉRO. — AVRIL 1868.

SOCIÉTÉ D'ARCHÉOLOGIE.

TRAVAUX DE LA SOCIÉTÉ.

Séance du 13 mars.

PRÉSIDENCE DE M. HENRI LEPAGE, PRÉSIDENT.

Le procès-verbal de la dernière séance est lu et adopté.

Admission et présentation de membres.

M. Lang, ingénieur civil des mines, à Essey-lès-Nancy, et M. Charles Guyot, garde général des forêts, à Mirecourt (Vosges), sont admis comme membres titulaires de la Société.

M. Paul Boulangé, avocat à Remiremont (Vosges), est présenté comme candidat par MM. Quintard, Lepage et de Bonneval.

M. Schmit émet le vœu, qu'adopte la Société, qu'une place soit réservée dans le *Journal* pour y inscrire les ouvrages nouveaux concernant la Lorraine[1].

M. Bretagne demande la parole, et fait la proposition suivante :

M. le Trésorier a constaté dans son compte un reliquat assez notable. Jusqu'ici, les travaux de restauration du Palais ducal, ainsi que l'achat de deux cheminées monumentales et du tombeau de René de Beauvau et de Claude de Baudoche, sa femme, ont absorbé tous les fonds disponibles, et on ne pouvait pas ne pas profiter de l'occasion qui se présentait d'enrichir le Musée de ces monuments si intéressants.

Les charges considérables qui, jusqu'à présent, ont épuisé notre budget, n'ont pas permis d'enrichir la salle des Cerfs d'objets que les touristes et les personnes du pays réclament, c'est-à-dire les figurines et les faïences de Lunéville et de Saint-Clément, les porcelaines de Niderviller, les charmants bois sculptés de Bagard, les belles monnaies et les médailles de nos princes, les bijoux et les objets antiques trouvés dans notre contrée.

Nancy est la capitale de la Lorraine, et son Musée archéologique est l'un des plus déshérités sous ce rapport ; aussi, ceux qui le visitent éprouvent toujours une vive déception.

Il est vraiment nécessaire pour mettre, sous ce rapport, notre ville au niveau des contrées qui nous avoi-

1. V. la note ci-après, page 74.

sinent, de ne plus laisser échapper un bel objet qui puisse intéresser le pays, et je demande que tous les membres de la Société s'intéressent à ce vœu et fassent connaître tout ce qu'ils savent à ce sujet, pour utiliser le mieux possible une somme qui reste disponible.

L'assemblée adopte à l'unanimité la proposition de M. Bretagne.

La commission chargée de vérifier les comptes de M. le Trésorier, donne communication et dépose sur le bureau le rapport suivant, qui est approuvé en son entier par la Société :

Messieurs,

Le mardi 18 février, votre Commission s'est réunie pour examiner les comptes de l'année 1867, ainsi qu'elle en était chargée par votre Compagnie.

Comme les années précédentes, elle a vu avec soin et attention les comptes qui lui étaient soumis et les pièces justificatives qui y étaient jointes ; elle les a reconnus réguliers et exacts : c'est pourquoi elle vous propose de voter des remerciements à votre honorable Trésorier, qui remplit depuis si longtemps ses fonctions avec tant de zèle et de désintéressement.

Elle a, toutefois, quelques observations importantes à vous présenter, car elle croit qu'il est de son devoir de vous faire connaître les abus qui peuvent se glisser inaperçus pendant toute une année et n'apparaître qu'à la fin d'un exercice.

Ces abus sont relatifs aux remaniements d'auteurs, qui, payables à raison de 40 centimes par heure, augmentent le passif de notre budget d'une somme relativement importante cette année.

A ce sujet, les auteurs de Mémoires semblent avoir oublié le rapport fait à la demande de votre Compagnie par M. l'abbé Guillaume, votre trésorier, lequel a été voté, puis relaté dans le Journal de la Société, dans le procès-verbal de la séance du 13 mars 1865.

Nous en remettons sous vos yeux les articles suivants, qu'il est important de nous rappeler :

« Les remaniements ou corrections d'auteurs se paieront en sus, à raison de 40 centimes l'heure ; ce prix s'appliquera à toutes les publications de la Société. »

« Les auteurs de Mémoires dont l'impression aura été votée par la Société, et qui voudront en faire faire un tirage à part, jouiront du bénéfice de la composition faite pour les Mémoires ou le Journal de la Société, mais à la condition expresse que cette composition ne sera ni modifiée, ni allongée, et qu'elle restera pour le tirage particulier telle que la Société l'aura acceptée, et qu'elle aura été préparée pour ses recueils.

« Les additions ou modifications que les auteurs voudraient introduire dans leurs travaux pour le tirage à part seront exclusivement à leur charge, et si le texte de ce tirage ne concorde pas du tout au tout avec celui des Mémoires ou du Journal, il sera considéré comme un travail exécuté en dehors de la participation de la Société, et il sera interdit à l'imprimeur de placer en tête de la brochure cette indication : « Extrait des Mémoires ou du Journal de la Société d'ar« chéologie. »

Nous vous proposons donc, mais sans vouloir, par une trop grande rigueur, ralentir le zèle des auteurs de Mémoires ; nous vous proposons que désormais, conformément au rapport du 13 mars précité, ces remaniements soient mis au compte desdits auteurs. Nous entendons par remaniements et corrections d'auteurs, les changements faits après la correction de la première épreuve en placard, postérieurement à la mise en page.

Il serait également à désirer que votre Compagnie tînt la main à ce que tout travail publié en son nom, comme tirage à part, ne soit ni modifié, ni allongé, et qu'il reste, pour le tirage particulier, tel que la Société l'aura accepté et voté pour ses recueils, et cela conformément encore au rapport du 13 mars précité ; sans quoi vous seriez exposés à voir publier et distribuer en votre nom un travail exécuté complètement en dehors de la participation de la Société.

Pour éviter cet inconvénient, votre Commission pense qu'il serait bon d'établir des *Commissions d'examen*, composées de trois membres tirés au sort parmi les membres présents aux séances, pour chaque travail devant, dans la pensée de son auteur, devenir l'objet d'un tirage à part avant la publication des Mémoires. Les membres de ces commissions examineraient si le travail est conforme à celui que vous avez approuvé, y apposeraient leur signature, et l'imprimeur ne pourrait publier en votre nom que le manuscrit ainsi signé.

L'exemplaire du tirage à part pourrait, dès lors, porter cette indication : « Extrait des Mémoires, ou du Journal de la Société d'Archéologie lorraine. » Si l'auteur voulait, cependant, apporter des modifications et des changements au travail qu'il aurait lu dans le sein de votre Compagnie, il en serait le maître, mais avec défense expresse à l'imprimeur de placer sur la brochure l'indication dont il vient d'être question.

Votre Commission voudrait que l'imprimeur prît l'engagement formel de livrer les volumes de Mémoires pour le 15 décembre, *au plus tard*, afin qu'ils puissent être distribués avant la fin de l'année courante. Cela donnerait au Trésorier la faculté d'établir ses comptes, et à la Commission le pouvoir de se rendre plus exactement raison du chiffre des dépenses de l'année.

En constatant avec satisfaction l'excellente situation financière de la Société, votre Commission exprime le désir que l'excédant de recette serve à donner plus d'extension aux volumes des Mémoires et du Journal, auxquels, jusqu'ici, la situation financière n'avait pas permis de procurer tous les développements désirables, et, au besoin, à venir en aide à la publication du Recueil de documents sur l'histoire de Lorraine.

Les membres de la Commission :

EDMOND CONTAL. BOISELLE. LALLEMAND.

La Société, après avoir approuvé ce rapport, vote des remerciments à M. le Trésorier et l'invite à prendre les mesures nécessaires pour que l'imprimeur de la Société se conforme au vœu exprimé par la Commission.

Ouvrages offerts à la Société.

Annuaire administratif, statistique, historique, judiciaire et commercial de la Meurthe, par MM. H. LEPAGE et N. GROSJEAN, 1868, 46e année.

Aperçu sur les représentations sculptées de danses macabres et sur le cloître du cimetière de Montivilliers, par M. CHARLES ROESSLER.

Sur les études archéologiques nécessaires aux artistes qui abordent des sujets touchant à l'histoire, par M. LÉON FALLUE.

Bulletin de la Société d'Archéologie et d'Histoire de la Moselle, 10e année, 1867.

Mémoires de la Société d'Archéologie et d'Histoire de la Moselle, tome IX, 1867.

Bulletin de la Société des Antiquaires de Picardie, tome IX, 1865, 1866 et 1867.

Bulletins de la Société des Antiquaires de l'Ouest, 4e trimestre de 1867.

Procès-verbaux de la commission départementale des Antiquités de la Seine-Inférieure, tome II, 1849 à 1866.

Lectures.

M. l'abbé Pierson donne lecture d'un Mémoire intitulé : *l'Abbaye de Salival,* dont la Société décide l'impression dans le prochain volume de ses *Mémoires.*

M. L. Benoit termine la lecture du travail de M. l'abbé Kuhn sur *l'ancienne abbaye Notre-Dame de Lixheim.* La Société vote l'impression de cette notice dans le prochain volume de ses *Mémoires.*

MÉMOIRES.

CHARTES INÉDITES RELATIVES A LA VILLE DE VIC.

La petite ville de Vic, qui jouit autrefois d'une certaine importance comme chef-lieu du bailliage seigneurial de l'évêché de Metz et siége de diverses juridictions administratives, possédait des archives considérables, qui ont presque complètement disparu ; il n'en a pas été de même, heureusement, pour les papiers de ses établissements religieux : la Révolution, en ordonnant leur dépôt au chef-lieu du département, les a préservés de la destruction, et on peut y puiser de curieux documents sur l'histoire de cette localité.

Parmi ces établissements, il convient de placer au premier rang la collégiale Saint-Etienne, dont les titres forment un fonds assez intéressant. Ceux que je vais examiner n'ont pas seulement le mérite d'être les plus anciens ; ils renferment encore des particularités que les historiens du siècle dernier n'ont pas connues, et permettent de rectifier plusieurs erreurs, propagées par eux et reproduites par tous les écrivains qui les ont suivis.

« On attribue, dit Dom Calmet[1], la fondation de la » collégiale de Vic à Jacques de Lorraine, évêque de Metz » vers l'an 1240. On voit par un regitre du chapitre, de » l'an 1431, que cet évêque lui donna les deux tiers des » dimes de Chambrey, un tiers pour la fondation, l'autre » tiers pour l'augmentation. »

Les Bénédictins, dans leur Histoire de Metz[2], s'expriment à peu près de la même manière : « On croit, disent- » ils, que Jacques de Lorraine fonda, vers l'an 1240, la » collégiale Saint-Etienne de Vic. Cette opinion est fon- » dée sur deux titres, l'un de 1328, dans lequel il est dit » que ce prélat donna au chapitre de Vic quelques por- » tions de terre qu'il avoit acquises à Riche et à Bru- » langes ; l'autre, de 1431, qui porte que ce même évê- » que lui donna les deux tiers des dimes de Chambrey, » savoir : un tiers pour la fondation, et l'autre tiers pour » augmenter les prébendes. »

Dom Calmet et les Bénédictins se sont trompés, faute

1. Notice de la Lorraine, t. II, col. 832.

2. Tome II, p. 436.

d'avoir eu reccurs aux documents originaux ; et je me suis trompé moi-même[1] en ajoutant foi à leurs assertions. Au reste, leur ignorance, relativement à l'époque de la fondation de la collégiale de Vic, est, jusqu'à un certain point, excusable, car les chanoines de cette église ne la connaissaient pas eux-mêmes. C'est ce qui ressort des termes d'un Mémoire, rédigé par eux, « contre les prétentions de M. de Rome, vicaire perpétuel de la cure d'Arracourt, anciennement Rioville[2], unie au chapitre en 1227 ». Voici comment ils s'expriment dans cette pièce :

« Le temps de la fondation et construction de l'église collégiale Saint-Estienne de Vic est incertaine, n'y ayant pas un historien connu en la province qui en fasse mention, pas même Madore[3], auteur qui a donné l'histoire de l'évêché de Metz dans le seizième siècle[4]. Cependant il paroît vraisemblable et presque constant par les titres contenus dans les archives du chapitre de Vic, que la construction de l'église collégiale a eu son commencement dans la fin du onzième siècle[5], sous l'espicopat de l'évêque Bertrand, qui mourut à Metz en l'an 1210, ou au commencement de l'épiscopat de l'évêque Conrad Ier de Scarfence[6], évêque de Spire, légat du Saint-Siége, qui

1. Communes de la Meurthe, t. II, p. 673.

2. Aujourd'hui simple ferme, commune d'Arracourt.

3. Meurisse, évêque de Madaure, suffragant de Metz, auteur de l'Histoire des évêques de cette ville. 1634.

4. Lisez : *dix-septième*. La même faute se retrouve plus bas.

5. Lisez : *douzième*. Un autre Mémoire, fourni par le chapitre, porte « que son église est redevable de sa fondation à la piété des évêques de Metz, qui l'érigèrent vers le onzième siècle, et qui conservent encore (1760), en cette qualité, non-seulement une place distinguée au chœur, mais encore la nomination aux prébendes ».

6. Scharpeneck.

succéda, en 1210, à l'évêque Bertrand, et mourut le 12 décembre 1224. Par le titre de réunion[1] de l'église paroissiale ou cure de Rioville et dépendances audit chapitre, par l'évêque Jean Ier d'Apremont, successeur de l'évêque Bertrand, en l'an 1224, et mort le dix décembre 1238 ; par lequel titre d'union de la cure de Rioville il dit que la collégiale étant nouvellement fondée, et les prêtres servant le Seigneur n'ayant pas de quoi vivre, il réunit à leur église la cure de Rioville et dépendances pour des fruits d'icelle en augmenter les prébendes, et par là donner lieu aux chanoines de vivre ; ce qui a fait le premier fonds et le plus considérable du chapitre, jusque là n'y ayant que quelques petits cens sur partie des maisons de la ville et de quelques villages voisins, où les évêques étoient souverains seigneurs, et quelques jours de vignes, qui firent le premier fonds du chapitre, insuffisant pour vivre. En 1257, l'évêque Jacques, de l'illustre maison de Lorraine, trouvant les prébendes du chapitre très-modiques, fit audit chapitre la réunion de la cure de Chambrey, par un titre conçu dans les mêmes termes que celui de la cure de Rioville ; laquelle réunion et tous les autres biens donnés à la collégiale furent indirectement confirmés par Henri deuxième de Lorraine, en l'an 1492, par un titre par lequel il dit que quand ses prédécesseurs n'auroient point uni de cures au chapitre de Vic, il le feroit, ayant connoissance, par la visite qu'il avoit faite de son diocèse, que la collégiale de Vic avoit des revenus très-insuffisants, la réunion de ces deux cures ne suffisant pas pour l'entretien honnête de douze chanoines en la collégiale. Charles 2e de Lorraine, évêque et cardinal

1. Il est donné ci-après.

en l'an 1589, fit donner au chapitre, ou réunir à la manse capitulaire, les biens de la collégiale de Munster, terre de Fénétrange. »

Il ressort du Mémoire qui précède : 1° que la collégiale de Vic aurait été fondée sous l'épiscopat de l'évêque Bertram, lequel, suivant Dom Calmet[1], aurait été évêque de Metz de 1187[2] à 1210 ou 1211, ou sous l'épiscopat de son successeur ; 2° que l'évêque Jean d'Apremont aurait uni au chapitre la cure de Rioville ou Riouville ; 3° enfin, que Jacques de Lorraine lui aurait également uni la cure de Chambrey.

Il est étrange que les chanoines de Vic n'aient pu préciser sous lequel, des prélats Bertram ou Conrad de Scharpeneck, leur collégiale avait été fondée, puisqu'ils possédaient un document qui ne pouvait laisser subsister l'ombre d'un doute à cet égard : c'est une charte du premier de ces évêques, conçue en termes parfaitement explicites, et de laquelle il résulte que la collégiale de Vic existait de son temps. Voici le texte de cette pièce :

« In nomine sancte et individue Trinitatis. Bertrannus,
» Dei gratia Metensis episcopus, dilectis canonicis Sancti
» Stephani de Vico in perpetuo. Oneris pontificis licet
» indigni vicem gerimus, eo amplius et attentius injuncti
» nobis officii ratio exigit ut ecclesiarum paci ac quieti

1. Histoire de Lorraine, t. I, col. XXIV.

2. Dom Calmet donne pourtant (ibid., t. II, pr., col. CCCLXXX), d'après Meurisse (p. 429), une charte de cet évêque datée du 12 des calendes d'avril 1179, l'année de son élection et consécration : *Acta sunt hæc anno Incarnat. Domini MCLXXIX, xij calendas aprilis,... anno electionis et consecrationis Domini Bertranni primo.*

D'après les Bénédictins (Hist. de Metz, t. II, p. 300 et 317), Bertram aurait occupé le siége épiscopal de 1179 à 1212.

» sedulo et indefesse provideamus, et maxime illisque
» temporibus nostris plantantur et edificantur nostrum
» impertiri suffragium et viscera pietatis exibere debemus
» et earum possessiones, ut inconvulse atque illibate
» permaneant, paterno nos tueri condecet affectu et auc-
» toritate nostra confirmare. Proinde, carissimi in Christo
» filii, qui in ecclesia Sancti Stephani que est apud Vicum
» sub titulo canonice professionis, divino vacare servicio,
» pie vero epistolis, justis ac piis petitionibus vestris nos-
» trum benigne assensum donantes, collata a nobis seu
» ab aliis vobis beneficia vobis vestrisque successoribus
» in perpetuum, presentis privilegii patrocinio corrobo-
» rare et confirmare decrevimus. A nobis itaque inci-
» pientes, vobis in perpetuum predictam ecclesiam Sancti
» Stephani, in qua divino mancipati estis servicio, cum
» appendiciis suis, liberam ab omni censu et exactione.
» Conferimus quoque vobis tres sessas apud Vicum, quas
» nos etiam ab omni censu et exactione liberas in perpe-
» tuum vobis et ecclesie vestre, divine miserationis in-
» tuitu, concessimus, nisi quod tres denarios persolvetis
» ad puteum. Quinque jornalia vinearum Johannis Bo-
» telli. Duo jornalia Simonis Cavati. Decem jornalia al-
» lodii que dedit vobis Anselmus de Medio Vico. Preterea
» quascumque possessiones sive quecumque bona eadem
» ecclesia juste poterit adipisci vobis vestrisque succes-
» soribus in perpetuum confirmamus. Personas quoque
» vestras ac bona ab omni exactione laicali liberas et im-
» munes esse censemus. Cum autem generale interdic-
» tum in terra fuerit, liceat vobis, clausis januis, expulsis
» excommunicatis, non pulsatis campanis, divina officia
» celebrare. Sepulturam quoque ipsius ecclesie liberam
» vobis concedimus, ut extreme voluntati eorum qui se

» illic sepeliri decreverint, nisi forte excommunicati vel » interdicti fuerint, nullus resistere presumat. Obeunte » vero preposito vestro, decano, cantore vel magistro » scolarum, seu quolibet concanonico vestro, liceat vo- » bis, communi assensu fratrum vel quam pars majoris » et sanioris consilii, secundum Dei timorem, utilem ec- » clesie providerint, personam eligere, salva et retenta » nobis et successoribus nostris ecclesie personarum ins- » titutione. Sane in Mettensi ecclesia prepositum eligetis. » Si qua igitur ecclesiastica secularisve persona contra » hanc nostre confirmationis paginam, inde quicquam » alienando, auferendo, diminuendo, temere venire pre- » sumpserit, vinculo anathematis, donec condigne satis- » fecerit, maneat innodatus. Qui vero loco vestro sua » jura servare, tueri ac manutenere pie studuerit, a retri- » butore omnium bonorum Deo, vitam eternam habere » mereatur. Amen. Amen. Amen. »

Cette charte ne porte malheureusement pas de date, et elle ne contient aucun renseignement qui permette d'indiquer l'année où elle fut octroyée au chapitre de Vic.

Il n'en est pas de même de celle de Jean d'Apremont, relative à la donation de la cure de Riouville ; celle-ci, que je reproduis également, est datée des ides de novembre 1227. On y voit que la collégiale était de récente fondation, et les revenus des prébendes tellement modiques qu'ils ne suffisaient pas à l'entretien des chanoines :

« In nomine sancte et individue Trinitatis. Johannes, » Dei gratia episcopus Mettensis. Universis presentes lit- » teras inspecturis salutem in salutis auctore. Justis pe- » tentium desideriis grato concurrere nos concedet as- » sensu, maxime cum ea que a nobis postulantur in se

» continent pietatis. Dilecti itaque in Christo Humbertus, » decanus, et capitulum Sancti Stephani de Vico nobis » intimarunt quod cum novella sit ecclesie sue plantatio, » prebendarum suarum proventus adeo modici sint et » tenues quod fratres in eadem ecclesia Deo famulantes » competentem nequeunt ex ipsis consequi sustentatio- » nem. Quare nobis humiliter supplicarunt et devote » quatinus, divine pietatis intuitu, paterna eis dignaremus » providere benignitate. Nos vero, predicti capituli pre- » cibus misericorditer inclinati, curam et pastoratum ec- » clesie de Riouville cum ejus appenditiis omnibus, de » consensu dilectorum filiorum Oliveri, abbatis, totius- » que conventus Gorziensis, ad quos jus patronatus ejus- » dem ecclesie ab antiquo spectasse dinoscitur, accedente » quoque assensu venerabilis capituli Metensis, necnon » dilecti Bertoldi, archidiaconi loci, liberaliter ac paterne » contulimus memorato capitulo Sancti Stephani de Vico » ut sicut hactenus is qui proprius ibidem erat pastor, et » sicut is competentes inde percipiebat, sic sepedictum » capitulum in prefata ecclesia ac suis pertinentiis fructus » cum omni jure pastori competenti consequatur et obti- » neat in augmentationem prebendarum suarum de ce- » tero convertendos, per vicarium idoneum ibidem pro- » videndo, salvo in presentibus jure nostro et successo- » rum nostrorum qui pro tempore futuri erunt. Ne quis » autem hanc piam donationem nostram in posterum va- » leat infringere, presentem paginam sigilli nostri[1] mu- » nimine fecimus roborari. Datum Metti, idus novembris, » anno dominice Incarnationis millesimo ducentesimo » vigesimo septimo. »

1. Le sceau a disparu, de même qu'aux autres chartes.

En 1259, l'église de la collégiale n'étant pas encore terminée, à cause de la pauvreté des chanoines, l'évêque Jacques de Lorraine sollicita en leur faveur la charité des fidèles, et accorda des indulgences à ceux qui contribueraient par leurs offrandes à l'achèvement de cet édifice :

« J., Dei gratia, Mettensis episcopus, universis abba-
» tibus, prioribus, decanis, archipresbiteris seu capel-
» lanis et omnibus ecclesiasticis personis aliis ad quatuor
» miliaria circa Vicum, in episcopatu Mettensi, constitutis,
» salutem et pietatis visceribus habundare. Quum, ut ait
» apostolus, omnes stabimus ante tribunal Christi recep-
» turi prout in corpore gessimus, sive bonum fuerit, sive
» malum, opportet et nos diem messionis extreme me-
» rito operibus provenire et eternorum intuitu seminare
» in terris, quod reddente Domino cum multiplicato
» fructu recolligere debeamus in celis, firmam spem fidu-
» ciamque tenentes, quum qui parce seminat parce et me-
» tet vitam eternam. Sane cum ex injuncto nobis officio
» cure pastoralis teneamus vos et omnes sollicitudini
» vestre commissos, ad ea que bono sunt indefessis affec-
» tibus invitare, pro personis et locis miserabilibus, com-
» pellimus vobis aliquociens nostras litteras destinare.
» Fratres ad vos karissimi credimus pervenisse qualiter
» ecclesia sancti prothomartiris Stephani de Vico jamdu-
» dum ceperit edificari, nec pro nimia ibidem paupertate
» fratrum servientium, tantum opus valeat consummari,
» meritoque de cordis duritia posset increpari quisquis
» in tanta necessitate glorioso prothomartiri Stephano,
» ad cujus decus et honorem hoc opus construitur, suum
» denegare auxilium, ejus miserie a nobis ut christianis
» omnibus est misericorditer succurrendum. Verum quia
» sine vestris plebiumque vestrarum succursibus, opus

» tam sumptuosum perfici non valeat, universitatem ves-
» tram, quantumcumque dulcius possumus et devotius,
» deprecamur, rogantes, monentes ac in virtute sancte
» obedientie injungentes, quatenus ad predicte ecclesie
» perfectionem, que in presenti graviter noscitur indigere,
» presidium speciale largientes et pium habentes, pro
» vestro et nostro honore respectum, eidem de faculta-
» tibus vestris tantum subvenire curetis laudabiliter, ut
» memoriale perpetuum in ea hiis et venturis temporibus
» habeatur. Sollertius etiam provisuri ut a subditis ves-
» tris omnibus par et devotio et simile adjutorium trans-
» mittatur. Volumusque et precipimus ut jam dicte ec-
» clesie nuntios benigne recipiatis et ipsius negotium,
» omni remoto predicatore, vestris subditis exponatis.
» Nos vero, de omnipotentis Dei misericordia et excel-
» lentissime matris ejus Marie, sanctique prothomartiris
» Stephani et omnium sanctorum meritis et precibus
» confisi, omnibus qui ad perfectionem tam devoti tam-
» que laudabilis operis de bonis a Deo sibi concessis, pias
» elemosinas et grata caritatis subsidia contulerint, dum
» modo vero penitentes fuerint et confessi, xx dies de
» injunctis sibi penitenciis peccata oblita, vota fracta,
» dum ad ea redierint, offensas patruem et matruem sine
» manuum injectione violenta, ei relaxamus. Preterea
» omnium benefactorum, missarum, orationum que in
» episcopatu nostro fiunt et deinceps fient, participes
» esse concedimus et consortes. Datum anno Domini
» m° cc° xx° xix°, mense novembri. »

Enfin, en 1257, le même évêque donna la cure de Chambrey à la collégiale de Vic, dont les revenus, dit-il dans sa charte, étaient *adeo tenues et insuffisientes quod canonici in ea Deo famulantes de fructibus pre-*

bendarum suarum per anni medietatem non valeant sustentari.

Le prélat dont il vient d'être parlé ne fut donc pas le fondateur, mais seulement le bienfaiteur de la collégiale Saint-Etienne, laquelle ne semble avoir jamais eu beaucoup d'importance, même après l'union qui lui fut faite, en 1594 et 1772, de celles de Munster et de Marsal.

—

Parmi les papiers de la collégiale de Vic se trouvait une charte étrangère à cet établissement[1], et qui y avait été placée, sans doute, à l'époque du transfert des archives religieuses au dépôt central du département : c'est un *chirographe*[2], de très-petites dimensions (14 cent. en hauteur et 13 en largeur), dont le sceau a malheureusement disparu[3], mais qui, sauf de légères altérations, est dans un bon état de conservation. Cette charte révèle une particularité fort intéressante, et c'est ce qui m'engage à la publier :

« Notum sit omnibus quod controversia que querebatur inter ecclesiam Saline Vallis et *Templarios Vici*, » taliter ad pacem redacta est, quod ecclesia Saline » Vallis solvet eisdem censum duorum solidorum medio » maio, videlicet super ortum Boni Fontis IIII denarios. » Item, super duos jornales qui sunt inter vineam *Tem-* » *plariorum* et vineam domini Symonis, XII denarios. » Item, super croadam que est inter croadam Episcopi et

1. Elle a été réintégrée dans le fonds de l'abbaye de Salival, auquel elle appartient.

2. Ou charte-partie. Le mot *cyrographum* est écrit à la partie supérieure.

3. Il en reste le *lac*, en fil tressé.

JOURNAL

DE LA

SOCIÉTÉ D'ARCHÉOLOGIE

ET DU

COMITÉ DU MUSÉE LORRAIN.

17e ANNÉE. — 5e NUMÉRO. — MAI 1868.

SOCIÉTÉ D'ARCHÉOLOGIE.

TRAVAUX DE LA SOCIÉTÉ.

Séance du 3 avril.

PRÉSIDENCE DE M. HENRI LEPAGE, PRÉSIDENT.

Le procès-verbal de la séance du 13 mars 1868 est lu et adopté.

Le Président donne lecture d'une lettre de M. Charles Guyot, de Mirecourt, qui remercie la Société de l'avoir admis au nombre de ses membres titulaires.

Admission d'un membre.

M. Paul Boulangé, avocat à Remiremont (Vosges), est admis comme membre titulaire de la Société.

Ouvrages offerts à la Société.

L'Ecole des Cadets-Gentilshommes du roi de Pologne à Lunéville, 1738-1766, par M. Arthur Benoit.

Mémoires de la Société d'Agriculture, Commerce, Sciences et Arts du département de la Marne, années 1865 et 1866.

Lectures.

M. Contal lit une notice de M. Joly, intitulée : *Recherches historiques sur la ville de Lunéville.* Ce travail sera inséré dans le prochain volume des *Mémoires de la Société.*

M. l'abbé Doyotte donne lecture d'un *Essai de biographie sur Nicolas de Clévy*, qui sera imprimé dans le prochain volume des *Mémoires*.

MÉMOIRES.

UNE RELIQUE BIBLIOGRAPHIQUE DE L'ABBAYE DE SALIVAL, CONSERVÉE A LA BIBLIOTHÈQUE IMPÉRIALE.

Nos anciennes abbayes avaient chacune leur bibliothèque, et la carte monastique de la France en était aussi, à certains égards, la carte bibliographique. Ce n'est assurément pas là le côté principal de la question des ordres religieux ; mais nous autres amoureux des vieux bouquins, nous y attachons cependant quelque importance, et il faut bien nous pardonner cette petite faiblesse.

Les épaves de la bibliothèque de Salival se rencontrent encore aujourd'hui en certain nombre, trop souvent, hélas ! entre les mains des infidèles. Celle dont nous allons parler, et qui fait aujourd'hui partie des collections de la Bibliothèque impériale, nous semble avoir pris la porte de la vieille abbaye à une époque fort antérieure à la dispersion révolutionnaire, sans que rien cependant nous permette, sinon de l'affirmer avec certitude, au moins de fixer une date positive. La vénérable relique ne reviendra très-probablement jamais en Lorraine, et il faut le regretter ; mais elle ne courra plus les risques de destruction ou d'avarie auxquels ont succombé tant de ses pareilles, et il faut s'en féliciter.

C'est un exemplaire de l'*Optica Regvlarivm. Cev, Commentarii in Regvlam S. P. N. Avgvstini Hipponensis Episcopi. In qvibvs qvid contineatvr, sequentes aliquot docebunt paginæ. Avctore* SERVATIO DE LAIRVELZ *Doctore Theologo, Sanctæ Mariæ ad Nemus Abbate, et Reuerendissimi D. D. Francisci à Longo-Prato totius Ordinis Præmonstratensis Capitis Vicario Generali.— Permissv Svperiorvm. Mvssiponti, Apud Melchiorem Bernardum, Serenissimi Lotharingiæ Ducis, et Vniuersitatis Mussipontanæ Typographum. Anno M. DCIII.*

Dom Calmet a parlé assez au long de l'auteur, aux colonnes 554--559 de sa *Bibliothèque lorraine,* et il a indiqué sommairement l'ouvrage, avec ses différentes réimpressions et traductions. On voit que c'est ici l'édition-*princeps*. Elle est de format in-4° et se compose de 12 feuillets de tête, non chiffrés, 422 pages, et 13 feuillets de fin, également non chiffrés. Les 12 feuillets de tête se décomposent comme il suit :

Fol. 1° *recto* : Titre.

Fol. 1° *verso* à fol. 3° : Table des chapitres.

Fol. 4° *recto :* Approbation, en date du 11 mai 1603.

Fol. 4° *verso* à fol. 5° *recto* : Dédicace.

Fol. 5° *verso* à fol. 7° : Préface.

Fol. 8° à fol. 12° : Pièces de vers et Anagrammes en l'honneur du livre et de l'auteur, signés des noms suivants, que nous reproduisons dans la langue même du texte, et dont plusieurs sont à noter :

Ioannes à Croy Baro *de Molembais*, Illustrissimi Comitis de Solre filius.

Frater *Matthæus Bonnherbe* Abbas Salinæ-Vallis.

Alphonsus de Ramberuiller, I. V. D. et in Episcopatu Metensi Propræses.

Prior ac Conventvs Sanctæ Mariæ ad Nemus.

Cœnobitæ S. Mariæ Sylvensis.

Frater *Sebastianus Monardus* Prior S. Mariæ in Nemore.

Frater *Petrvs Lebantivs* Prior Salinæ-Vallis indignus.

Frater *Bertrandus Mortier* Prior Seminarij Mussipontani cum suis Scholasticis.

R. P. Domnus *Desiderius la Court*, Prior Cœnobij sancti Vitoni Ordinis Benedictini in Ciuitate Virdunensi.

Frater *Christophorus Ægidius* Auctoris Consanguineus, Monasterij Regis-Vallis reformati Ordinis Præmonstratensis humilis Prior.

Conventus S. Mariæ ad Nemus.

Conventvs Regiæ-Vallis Ordinis Præmonstratensis sitiens reformationem.

Claudius Francisci, humilis Prior Medij Monasterij Ordinis Benedictini in Lothar. reformati.

Humillimus in Christo Filius F. *C. Thoumassin*, Prouisor sanctæ Mariæ ad Nemus.

Dominicus Richardus I. V. studiosus.

Henricus Geruitius Presbyter ac Puerorum Symphoniacorum Cænobii S. Mariæ Magister.

F. *Ioannes Scholasticus*, Cellæ Superioris iuxta Herbipolim Canonicus.

Son tres-humble et tres-affectionné frere et seruiteur *I. de Layruelz*.

Les 13 feuillets de fin sont consacrés à l'*Index rerum*.

On lit sur le titre de notre exemplaire, au-dessus de la vignette en bois représentant la Vierge à mi-corps avec l'Enfant-Jésus : *Alphonsi de Ramberuiller ;* et dans la marge du bas, au-dessous du millésime : *Ex libris bibliothecæ Conventus parisiensis S*[te] *Mariæ An*[tr] *ord. ff. prædicatorum Viconouo S*[ti] *Honorati.* C'est de cette dernière étape, sans doute, que le précieux bouquin sera venu prendre son gîte définitif à la Bibliothèque impériale, au moment du grand pillage révolutionnaire. Mais par quel chemin était-il venu de Vic à Paris ? Il nous sera plus facile de conjecturer, d'après ce qui va suivre, quand et comment il est sorti de Salival pour arriver à Vic.

Le volume est relié en veau fort, de couleur fauve, auquel le temps a imprimé un faux air de maroquin rouge : les tranches sont dorées. Le dos est divisé en six compartiments, semés alternativement de flammes, d'hermines (?), de lys et d'étoiles, et dont les cinq du haut portent au centre les deux C entrelacés dos à dos et couronnés, avec la croix de Lorraine suspendue au-dessous, et les alérions engagés latéralement dans les ouvertures. Les plats, semés de fleurs-de-lys, sont encadrés d'un double filet, avec une petite étoile dans chacun des huit angles d'intersection, et un fer triangulaire, style XVIe siècle, aux encognures intérieures : un médaillon de forme ovale, représentant le Christ en croix entre la Vierge et saint Jean, occupe le centre de l'un et de l'autre. On lit sur le plat droit, au-dessus du médaillon : *F* Mathævs** ; au-dessous : *Bonnerbe** 1603. Sur le plat gauche, au-dessus du médaillon : *Salinevallis ;* au-dessous : *Hvmilis* Abbas* 1603. Dans chacune des deux inscriptions, le millésime 1603 est sur une ligne à part ; et toutes les lignes sont enfermées dans un cartouche.

Nous ne croyons pas nous tromper en affirmant que

la reliure a été faite en Lorraine, et nous regardons comme fort vraisemblable que le relieur a été tout simplement... un des moines de l'abbaye.

Frère Mathieu Bonnerbe, ou Bonnherbe, — car l'orthographe du relieur est ici en désaccord avec celle de l'imprimeur — figure sous le n° 2 parmi les signataires des poésies en l'honneur de l'*Optica ;* et on le trouve, avec le n° 48 et la variante ***Bonherbe,*** dans la liste des abbés de Salival, donnée par Dom Calmet en tête du tome VII de son Histoire de Lorraine. Mort le 4 décembre 1610, et démissionnaire dès l'année 1608, il avait succédé à Mathieu Pierson, passé lui-même de vie à trépas le 4 décembre 1599, et dont le nom se lit sur l'inscription de 1591, encore aujourd'hui encastrée dans le mur extérieur de la ferme de Salival, quelques pas au delà de la porte d'entrée.

Immédiatement après le nom et les vers de Mathieu Bonnerbe, viennent ceux d'Alphonse de Rambervillers ; et il est permis de supposer que ce fraternel voisinage n'est pas le résultat d'un pur caprice du hasard. Vic est à moins d'une heure de Salival, et le lieutenant au bailliage de l'évêché de Metz se trouvait naturellement en relations de politesse, sinon d'affaires, avec l'abbé du prochain monastère, situé d'ailleurs dans le même ressort. Pourquoi ne ferais-je pas ici mon petit roman sur notre gentilhomme vicois, qui lui-même a bien aussi un peu fait le sien sur *le glorieux gentilhomme austrasien* Saint Livier ? La politesse engendra l'amitié, si tant est que l'amitié n'ait pas précédé la politesse. Je veux même croire que derrière et avant l'amitié, il y a eu un petit brin d'alliance, voire de parenté : si la chose n'a pas été, elle a dû être. Voyez, en effet, ce *postulatum* une fois admis, comme tout le reste va pour ainsi dire de soi-même ! Par legs testamentaire, sinon par donation entre-vifs, le bouquin armorié passe du voisin chez le voisin, de l'ami chez l'ami, du parent chez le parent, peut-être même, qui sait ? de l'oncle chez le neveu : car un lieutenant de bailliage est nécessairement un homme bien ordonné, qui ne *perd* pas les livres d'autrui dans sa propre bibliothèque, pour y mettre plus tard son nom quand il les y retrouve ; et le cas de *distraction* une fois écarté comme impossible, et celui d'achat comme prosaïque, il faut bien se ranger en fin de compte à mon explication.

J'irais plus loin encore, s'il ne fallait se borner, même en matière d'imagination ; et je pourrais trouver, dans les promenades de l'officier de justice à Salival et à l'ermitage tout voisin de Saint-Livier, les origines premières du fameux livre des *Actes admirables* du saint martyr, publiés à Vic en 1624, et auxquels le ministre Paul Ferry fit dès la même année une si rude réponse. Ajoutons seulement que Dom Calmet fait mourir Alphonse de Rambervillers le 13 juillet 1623, et que l'exemplaire de l'*Optica* prit le chemin de Paris, sinon immédiatement après le décès de son second possesseur, au moins avant la fin du siècle dont il porte le millésime.

J.-A. SCHMIT.

LE COUVENT DES CAPUCINS DE PHALSBOURG (1626-1790).

Un des premiers soins du prince Louis de Guise, en prenant possession de la ville de Phalsbourg, qui lui avait été donnée si généreusement par le bon duc Henri[1], fut de chercher les moyens d'expulser les malheureux religionnaires, entreprise difficile dans une ville qui n'était peuplée que de réformés. Prévoyant que le zèle des prêtres du pays serait insuffisant, il résolut, du consentement de sa femme, Henriette de Lorraine Vaudémont, au commencement de l'année 1626, d'établir dans sa nouvelle propriété un couvent de Capucins, justifiant ainsi la prédilection particulière que les princes de Lorraine et ceux de sa maison[2] avaient toujours eue pour ces religieux, ce qui avait fait écrire à l'un d'eux[3] ces lignes : « L'illustre Maison de Lorraine a toujours été affectionnée à l'ordre des Capucins..... Le duc de Lorraine fit bâtir aux nôtres leur quatrième couvent de Saint-Nicolas (Nancy)[4], mais même les affectionna de sorte, que l'espace de quatre ans, il marcha comme eux, pieds nuds, avec des sandales et leur habit ceint de leurs cordes, sous les siens de duc : et quoiqu'il les quittast, par le conseil de ses médecins, il ne voulut pourtant pas s'abstenir de plusieurs de leurs austérités, qu'il pratiqua toujours bien exactement, comme leur discipline ordinaire, dont il mortifiait sa chair toutes les semaines, et même il désira qu'on lui rendit leur habit, dans sa dernière maladie, et qu'après sa mort, on l'enterra, comme un pauvre, dans

1. Lettres patentes du 18 avril 1621.

2. Le grand cardinal de Lorraine les avait fait venir en France, et le cardinal Louis de Guise, père du jeune prince de Phalsbourg, avait fondé le couvent de Meudon, sur les ordres de son oncle mourant.

3. Annales des Frères Mineurs capucins, traduites par le F. Ant. Caluze. P. G. Paris, 1677, t. II, p. 379.

4. Ligny (1583). Verdun (1585). Saint-Mihiel (1586). Nancy (1593).

leur couvent de Saint-Nicolas[1] ; sans pompe funèbre qu'on devoit à sa qualité. Henri de Lorraine succéda bien à son zèle et à son amour pour les capucins, parce qu'il vouloit encore hériter de ses exemples : mais comme il avoit un corps trop délicat pour ses austéritez, il ne voulût pas être différent d'un capucin en vertu et en sainteté de vie. »

Le prince Louis donna aux religieux une maison et un jardin près de son château ; dans ses lettres de fondation, il les invite à créer un établissement durable, à travailler continuellement à l'œuvre de la conversion des habitants de Phalsbourg par leurs prédications, catéchismes, instructions et controverses, et, en même temps, à chercher à les ramener à la communion romaine par une vie austère et pénitente. Il assure à leur maison annuellement quarante-deux cordes de bois à prendre dans les forêts de la principauté, et trente sacs de grains. En attendant la construction de leur bâtiment, il les logea dans son château, et la chapelle castrale servit d'église conventuelle provisoire. Louis eut la satisfaction de voir le chapitre général de l'ordre séraphique, tenu à Fontenoi le 20 août 1627, permettre à Phalsbourg l'établissement du couvent des Frères-Mineurs Capucins ; ils furent membres de la province de Lorraine, quoique la ville fût du diocèse de Strasbourg.

Ils travaillèrent avec ardeur à leur mission, mais ils trouvèrent dans leurs adversaires une résistance presque invincible et un acharnement sans égal à les contrarier dans leur but. Le prince, l'ayant appris, enjoignit au gou-

1. La pompe funèbre de La Ruelle dément singulièrement ces lignes.

verneur de la ville, nommé Haining, de les soutenir de tout son pouvoir, et, en même temps, il fit défendre aux réformés de les molester, sous peine de punitions corporelles. Les habitants, las de lutter contre un maître qui ne cherchait que les occasions de les punir, abandonnèrent presque tous la ville, et se réfugièrent définitivement à Bischwiller, en Alsace, où déjà beaucoup de leurs compatriotes s'étaient rendus et y avaient établi un pasteur français et une salle d'école de la même langue, dès 1618.

Les Capucins perdirent leur noble fondateur le 4 décembre 1651 ; sa veuve continua, il est vrai, à les protéger ; mais les malheurs dans lesquels la Lorraine fut plongée, durent empêcher son bon vouloir[1]. La ville fut occupée par les Français en 1659, et, le 23 octobre 1661, elle fut cédée définitivement à Louis XIV.

Le roi fit démolir le bourg d'Einarthausen[2] et la ville nouvelle, et, sur les plans du maréchal de Vauban, il fit bâtir une place forte presque imprenable (1679). Le couvent dut être détruit, et il fut transféré dans l'intérieur des nouveaux murs. Les ingénieurs le placèrent dans une position isolée, près du rempart, vis-à-vis la demi-lune Sainte-Thérèse et à côté des casernes d'infanterie.

1. Ne pouvant plus résider à Phalsbourg, Henriette et son nouveau mari, M. de Grimaldi, fondèrent à Lixheim un couvent de Tiercelins, sous l'invocation de saint Antoine de Padoue (19 décembre 1657).

2. Ce bourg s'étendait sur la route d'Alsace ; l'église était près des remparts de la nouvelle ville, qui avait au nord une citadelle pour la défendre. (Voir le plan de Tassin, qui montre la situation de ces trois quartiers en 1636 et lors de la prise de possession, le 23 octobre 1661.) Une description minutieuse de la ville fut faite par les commissaires du roi et du duc à cette occasion. Les bourgeois devaient conduire et fendre le bois de chauffage pour le château et y amener l'eau pour les lessives.

Au commencement, il n'y avait que des religieux français ; plus tard, le couvent se peupla de Lorrains allemands et d'Alsaciens, qui étaient bien mieux à leur place, pour les missions, que les autres. En 1663, il ne se trouvait, dans tous les villages du diocèse de Strasbourg, situés aujourd'hui dans le département de la Meurthe, qu'un prêtre séculier, qui demeurait à Phalsbourg. On doit comprendre combien la présence des religieux était utile ; ils firent les fonctions curiales dans presque tous les villages ; on les vit à Mittelbronn de 1680 à 1689. En 1713, le F. Pierre de Verdun, gardien, était administrateur de cette paroisse.

Par suite de tous ces changements, ce ne fut que le 23 juin 1732 que la première pierre de leur modeste église fut posée. Elle fut bénite par maître Michel Bernard, chanoine et curé de Neuviller en Alsace, originaire d'une ancienne famille de Phalsbourg, et qui, par humilité, venait de refuser la première charge de son chapitre. L'église, orientée, fut terminée en 1735 ; celle de la ville en 1742.

Le 23 avril 1736, on posa la première pierre du couvent. L'électeur palatin Charles-Philippe Christian, duc des Deux-Ponts, prince de Birckenfeld, Bischwiller et la Petite-Pierre, et Christian-Charles Reinard, comte de Dabo, prince de Linange, malgré la différence de religion, donnèrent tous les bois et toutes les planches nécessaires au bâtiment. Les aumônes des catholiques firent le reste. La première aile du couvent fut achevée en 1739. Le R. P. Ferdinand, de Villers-la-Montagne, était gardien.

Le P. Benoît Picart dit quelques mots de ses confrères de Phalsbourg. Selon lui, ils extirpèrent complètement l'hérésie de leur ville. Quoi qu'il en soit, au commencement du XVIIIe siècle, on voyait encore quelques réformés à Phalsbourg. Le roi ayant créé un hôpital militaire de 250 lits (un régiment d'infanterie et un de cavalerie étaient toujours en garnison), les RR. PP. en furent les aumôniers. Une ordonnance du roi, du 1er octobre 1814, fit rétablir le culte dans les établissements militaires; la chapelle de l'hôpital fut de nouveau consacrée sous le vocable de saint Charles Borromée.

Le Pouillé imprimé du diocèse de Strasbourg dit qu'il se trouvait au couvent, en 1763, quinze religieux, dont un prédicateur et un vicaire (l'intérimaire du père gardien), et qu'ils étaient du ressort du Parlement de Metz.

En 1790, le couvent se composait de douze pères, presque tous allemands, et de six frères laïques. A leur sortie de l'ordre, le plus ancien père eut une pension de mille livres, les autres de huit à sept cents francs. Au versement de leur argenterie (en 1791) entre les mains des préposés du district de Sarrebourg, on trouva deux calices, deux ciboires, deux boites ; le tout pesant sept marcs et demi. Le mobilier de leur pauvre demeure fut dispersé un peu partout. Les églises de Weischeim, Hérange, Arschwiller, etc., ont des autels latéraux dédiés à saint Antoine de Padoue. C'est un souvenir du culte d'un saint de l'ordre séraphique. On voit dans l'église de Phalsbourg un grand tableau représentant le *miracle des plaies* du saint patriarche fondateur, mauvaise copie d'un tableau de La Hiere. Il a dû appartenir à l'église des Capucins.

Les frères eurent aussi des pensions ; le doyen eut quatre cents livres, les autres trois cents. Ordinairement ils étaient des gens de métier. Les ordres mendiants faisaient tout leur ouvrage eux-mêmes. Parmi eux était, sans doute, le frère quêteur, qui doit être fin, dit Richelet, « on n'y met qu'un maître moine, car il est le père » nourricier du couvent[1] ».

Ayant quitté habit, tunique et sandale, les pères Capucins devinrent, de par la nation, prêtres séculiers, et du diocèse de Strasbourg ils se trouvèrent versés dans l'évêché du département de la Meurthe.

Lors des élections aux cures constitutionnelles, les prêtres électeurs ne les oublièrent pas. A l'assemblée de Dieuze, l'un d'eux, le père Albert, fut nommé, le 18 septembre 1791, curé de Berthelming ; il refusa, préférant soigner les malades à l'hôpital militaire de Lunéville. Le père François, nommé à Léning, n'accepta pas ; il en fut de même de leur gardien, le père Cyrille, élu à Mittersheim ; il déclara qu'ayant passé sa vie dans les charges

1. On n'admettait les religieux clercs qu'à l'âge de 17 ans, et les laïques destinés à remplir les emplois pénibles et laborieux qu'à 19 ans.

Voici la formule de réception :

« Ego, frater, voveo et promitto Deo, beatæ Virgini Mariæ et beato Francisco ac omnibus sanctis et tibi, Pater, toto tempore vitæ meæ, servare regulam fratrum minorum, per dominum Honorium Papam confirmatam, vivere sine proprio et in castitate. »

En outre, la plupart des frères qui avaient vécu dans le même couvent avec le novice, devaient *consentir* à son entrée dans l'ordre. L'ordonnance de 1667 exigeait aussi la signature des parents. On prenait bien des précautions, comme on voit, pour admettre un jeune homme.

Une consultation, signée Linguet (juin 1790), demandait pour les frères lais ou laïques le même traitement que pour les prêtres. Selon lui, 900 frères lais étaient sans asile ; en multipliant par 4, on trouvait dans le royaume 3,600 prêtres capucins ; ce qui donnait, en France, un total de 4,500 enfants de saint François de la réforme.

Les Capucins avaient par droit d'institution, sans avoir besoin de l'ordinaire, le droit de quêter. Il devait y avoir à Phalsbourg, comme ailleurs, un père temporel.

de son ordre et dans les hôpitaux, il ne pouvait plus, à 64 ans, desservir convenablement une paroisse. A l'assemblée de Sarrebourg, le 8 décembre, le P. Gaspard, nommé à Hilbesheim, mit en avant, pour colorer son refus, sa mauvaise santé, mais non son incapacité, et en outre son peu d'habitude du confessionnal[1]. Deux autres Capucins refusèrent également les cures de Brouderdorff et de Garrebourg.

Les pères de Phalsbourg durent alors s'éloigner du pays et chercher loin de la France la liberté de conscience. Le couvent ne fut pas aliéné ; Phalsbourg, pendant les premières années de la République, se trouvait être une vaste place de dépôt. Le monastère servit d'entrepôt pour les vivres et ensuite d'hôpital. Au commencement de ce siècle, le premier consul en donna les bâtiments à la ville pour y établir un collége. De 1804 à 1810, l'abbé Frœlicher en fut le directeur ; modeste administrateur de la paroisse de Saint-Louis avant 1790, il s'affilia, pendant l'émigration, à l'ordre de Malte, en qualité de prêtre chapelain. Aussi, dans une pièce de vers intitulée : « *Souvenirs de collége*[2] », un avocat de Colmar, M. Kugler, nous le montre, disant la messe aux élèves,

« Chaussé de l'éperon, pistolets sur l'autel. »

La nef et le portail de l'église conventuelle ont été démolis. Un vaste bâtiment à deux étages les remplace. Le chœur sert de chapelle au collége ; saint Louis de Gonzague en est le patron. Deux fenêtres, dans le genre de celles des églises de campagne, montrent la simplicité

1. Ils ne pouvaient confesser que par grande nécessité et avec la permission des supérieurs. Henri Simminger, gardien, était administrateur de Metting (1791-1792).

2. Imprimé chez Bitsch, à Vitry-le-François.

primitive de l'édifice. Un petit jardin y est adossé au couchant; était-ce le cimetière des religieux? Le couvent a conservé, malgré sa transformation, ses beaux escaliers en bois, sa petite cour intérieure, bordée d'un côté par un cloître étroit, sa façade septentrionale et son jardin[1]. Contre le mur de ceinture, on lit sur une pierre de taille la date : 1577, surmontée du monogramme de la compagnie de Jésus et de deux cœurs. C'est, sans doute, une pierre rapportée lors de la construction du XVIIIe siècle.

Le couvent sert encore actuellement de collége à la ville de Phalsbourg.

ARTHUR BENOIT.

Nous avons cru bon de publier la pièce suivante qui nous est tombée sous la main, en examinant de vieux papiers de famille : nous la reproduisons telle qu'elle est, sans dénaturer en rien l'orthographe; elle est une preuve de la folie révolutionnaire.

EDMOND CONTAL.

FÊTE CIVIQUE

Qui sera célébrée à Vézelise le 10e jour de la 2e décade de Brumére de l'an 2 de la république une et indivisible : le premier de la mort du tiran ou le 10e jour du

1. Les juifs de Thionville fournissaient le papier aux Capucins de cette ville. Ils dépensaient pour cet objet 3 livres 10 sols par an. On doit aux RR. PP. l'acclimatation de l'hélice chagrinée dans les jardins; cet escargot leur parut d'un goût plus délicat que l'hélice *vigneron* de nos contrées.

mois de Novembre (vieux style) en exécution de l'arrêté de la société populaire de la ville de Vézelise du 1er jour de la seconde décade, et approuvé par ladittc société.

Ordre de cette fête.

Le rappel sera battu à sept heures du matin : à dix heures la lecture publique des Lois au Lieu des séances de la Société populaire par le frère Jacquinet, à trois heures la promenade civique.

Aussitôt après le rappel battu, deux commissaires du Conseil Général de la commune qui seront le frère Henry officier municipal, et le citoyen Demangel notable iront dans les places publiques, revêtus d'écharpe et du Ruban Tricolor, annoncer, après un roulement de tambour, que ce jour est celui de la Décade consacré à la correction des mœurs et Instructions Générale ; et que les bons citoyens sont invité à célébrer ce jour, à se réunir aux hotorités constitués pour solemniser la fête Nationale; à neuf heures les hotorités constitués se rendront au lieu des séances de la Société populaire sous le drapeau de la surveillance, pour se rendre en l'Eglise paroissiale comme le Lieu le plus vaste, on chantera en s'y rendant L'ymme des mœurs.

Les membres composant Le District se placeront à la Droite. La Municipalité à Gauche; La société Populaire environera L'autel et le reste du Cœur, sur L'autel sera posé le drapau de la société, le frère Lachasse l'ainé prononcera un Discourt sur la necessité des Bonnes Mœurs.

Le frère Robin Président du District et en son absence le frère Boudot vice-président rendra un compte succint des opérations Générale du District ; le frère Mausin comme Remplacent le maire de la commune rendra pareillement un compte succint des opérations de la Municipalité.

Le frère Dumont président de la Société populaire Prononcera un Discourt sur les Dégrés de l'Esprit public et le couplet de l'amour de la patrie terminera cette instruction.

A trois heures un second rappel sera battu, Les authorités constituées réunies dans la salle de la société Populaire sortiront de cette enceinte dans L'ordre qui suit pour la promenade civique.

Les petites pièces de canon et obus de Germiny seront trainé par six Jeunes Garçons canoniers qui seront Beudant fils, Valentin l'ainé, Valentin le jeune, Salle fils, et Martillet fils, un tambour précédera la Société marchant sous le Drapeau de la surveillance.

Un Grouppe de Musiciens, composé des citoyens Lachasse juge de paix, Martillet, Crandjean, Florentin le fils, Deleau, Lhuillier fils, La fille Langlais et Narang suivera, Les Vétérans formeront un cercle au milieu duquel un char trainé par dix jeunes citoyens qui seront Paris, le j[ne] Philbert, Pernot fils, Machard le fils, Demangel fils, Didon fils, Cottez fils, Husson fils d'Omelmont, Tournay l'ainé et Rollin le jeune promenera aux regards du peuple La Viellesse représenté par Gaspard Bourot et Le Malheur représenté par Deloux père, honnoré par la constitution sur le devant de ce char sera placé un jeune Enfant revêtu de la ceinture et cocarde tricolore (cet Enfant sera le petit de Contal l'ainé) qui tiendra ouvert le Livre de la Constitution.

Ce char sera précédé du Conseil du District un Cœur de jeunes citoyennes vêtues de blanc hornées de la ceinture tricolor chantera L'hymne de la régénération, qui seront les citoyennes Félix, Jacquinet, Saucourt, Mausin, Les deux Bernardel, Les trois Gegout, deux citoyennes Pierre Fidel, Wrombert, Lhuillier l'aîné, Mallarmé, Pagnot l'aîné, Pagnot la j^ne, L'huillier Bon, Joséphine Bon, Dumont, Petitjean, Beudant, Lachasse Robert, Munier, Corisot, Olry, Adam, Le Conseil Général de la Commune suivera le cœur ; ensuite un chœur de Mères de famille chantera le couplet de la dolescence, qui seront les citoyennes Deleau, Dumont, Burnot, Jacquinet, Martillet, Mausin et Grandjean.

Un char trainé par deux chevaux sur lequel deux femmes vètues de noir qui seront La Veuve Démarche et La femme du Père Latraie tiendront L'Urne cirnairaire couverte de creppes et de L'auriers dans lequel déposeront les cendres de Lepelletier, de Marat, de Beauvais, et des autres déffenseurs mort pour la République.

Deux colonnes de jeunes citoyens et citoyennes au nombre de Douze, six hommes et six femmes environneront ce char et chanteront l'hymne aux mânes des deffenseurs de la patrie.

Deux jeunes citoyennes qui seront la Petite Burnot et la Petite Lachasse l'ainé porteront en avant des feuilles de fleurs ; et deux autres jeunes citoyennes qui seront les jeunes citoyennes Bentz et Rollin le jeune en arrière porteront des feuilles de lauriers jetteront sur L'urne à chaque Refrains de L'hymne des feuilles de L'auriers et de fleurs.

Le tribunal du district, Les assesseurs du juge de Paix et le Bureau de Conciliation marcheront ensuite.

Un grouppe de citoyen Marchera ensuitte en chantant L'hymne du Zèle Patriotique, et repétera à L'entrée de chaque Rüe, Le Cri de Vive la république dans ce groupe seront compris les militaires de toutes armes actuellement en cette Ville, lesquels seront sans arme précédé de leur tambour et trompette.

Un Piquet de douze hommes armés, commandés par un officier et précédé d'un tambour fermera la marche.

Marche.

On partira de la salle de la société populaire on suivera la place du peuple, les rüe de la constitution et de la révolution on saretera sur la place du droit de l'homme là les chœurs se réuniront et chanteront L'hymne de la montagne ; cette première station se terminera par des marches fanfares.

Ensuitte le cortége se rendra sur la place du Marché par les rüe des droits de L'homme et de la fraternité sur cette place sera fait le serment de la Constitution terminé par des marches fanfares.

De là le cortège se rendra sur la place du Peuple par la Rüe de Jean-Jacques Rousseau là sera chanté L'hymne des Marceillais par tous les citoyens, ensuitte sera fait le Brulement des signes de la féodalité ; après les Présidens de chaque corps se réuniront sous le drapau de la société Populaire et après avoir donné l'accolade au Viellard et Malheureux ils recommanderont à la Jeunesse le respect du à la Veillesse et au Malheur.

L'hymne de la Liberté se fera entendre par la musique et le cortége reprendra sa marche et chaque chœur environnant le char où est placé l'Enfant portant le livre de la Constitution chanteront ensemble l'hymne des Mœurs : et le cri de Vive la République et la Convention Nationale terminera la promenade civique.

Donné pour copie au Corps Municipal de la Ville de Vézelise par les commissaires soussignés. Corizot. Martellet.

INSCRIPTION FUNÉRAIRE D'UN OFFICIER DU RÉGIMENT DU ROI BLESSÉ A L'AFFAIRE DE NANCY.

On voit à gauche, en entrant dans la remarquable église de Notre-Dame-de-l'Epine (près de Châlons-sur-Marne), une pierre de taille scellée contre le mur et sur laquelle on lit l'inscription funéraire suivante :

D. O. M.
ICI REPOSE
PHILIPPE LOVIS ERRARD VICTOR
DVCAVZE COMTE DE NAZELLES
COMMANDANT DE LA GARDE
NATIONALE DE CHALONS
DÉCORÉ DE LA CROIX DE
SAINT LOVIS A L'AGE DE 28 ANS
POVR BLESSVRES GRAVES
REÇVES A NANCY. TVÉ A CHALONS
LE 2 JVILLET 1815. VICTIME
DE SON ZÈLE POVR SON ROI ET
SES CONCITOYENS.
REPOSE EGALEMENT PRES DE LVI
EMILIE LOVISE DE PINTEVILLE
SON EPOVSE, DÉCÉDÉE LE 17 FÉVRIER
1810.
Requiescant in pace.

L'*Etat militaire de la France,* pour 1788, indique le chevalier de Nazelles comme 4e lieutenant en premier (compagnie des chasseurs) au régiment du Roi. Où reçut-il, à Nancy « les blessures graves » qui lui firent avoir la croix ? Je l'ignore. En tout cas, sa fin est plus connue. Le général Rigaud, ayant défendu Châlons avec 150 soldats, quelques bourgeois et les élèves de l'école, les Russes, commandés par Czernitzeef, s'en emparèrent de vive force. On se défendit dans les rues. M. de Nazelles, placé sur le perron de l'hôtel de ville, agitait son mouchoir et criait aux vainqueurs de faire grâce et d'épargner les habitants. Un cosaque l'ayant aperçu, se dirigea sur lui et le perça d'un coup de lance. M. de Nazelles ne survécut que treize heures à sa blessure. Après avoir été compagnon d'armes de des Isles, il mourut comme lui, victime de son amour pour ses concitoyens, mais, moins heureux que le jeune officier breton, son nom est moins célèbre, quoique son dévouement soit aussi sublime.

ARTHUR BENOIT.

DONS FAITS AU MUSÉE LORRAIN.

M. RENAUD, employé supérieur des contributions indirectes en retraite, récemment décédé, a légué au Musée six beaux tableaux, conformément aux intentions de M. le baron DU MESNIL, de Versailles, qui les lui avait donnés, et dont l'honorable famille habitait, à Nancy, la maison n° 1 rue du Manége. Ces tableaux ont été remis au Musée par M. le docteur Jacquin, de Metz, neveu et légataire universel de M. Renaud.

— M. J.-B. LARCHER, de Toul, membre de la Société d'Archéologie lorraine, a offert une pierre sur laquelle se lit l'inscription suivante :

C. LAQ[1]. TVL. 1599.

Cette pierre provient de l'ancienne église Saint-Jacques de Lunéville, et a été trouvée, en 1847, à deux mètres de profondeur, sur l'emplacement de cette église, près de la fontaine de la place Saint-Jacques, en remplaçant une file de corps pour l'alimentation de la fontaine. M. Larcher suppose que les lettres gravées sur la pierre si-

1. L'l et l'a sont liés ensemble.

gnifient Christophe de La Vallée, évêque de Toul, et il donne, à ce sujet, l'explication suivante : « L'ancienne paroisse de Lunéville, démolie en 1729, pour cause de vétusté, a dû être bâtie à une époque beaucoup plus reculée que celle dont cette pierre porte la date, car il n'est pas probable qu'un édifice, de quelque médiocre construction qu'on veuille le supposer, menace ruine cent trente ans après son érection. Ainsi, la pierre signée Christophe La Vallée, évêque de Toul, et datée de 1599, ne peut avoir fait partie de la construction primitive de cet édifice. Elle ne peut avoir été préparée que pour un accroissement postérieur, tel qu'une chapelle ou une sacristie. Son enfouissement à deux mètres du sol laisse supposer une surélevation du terrain occasionnée par des travaux subséquents. »

— M. Ch. Lorrain, bibliothécaire de la ville de Metz, a fait don d'un très-bel exemplaire des *Césars de l'empereur Julien,* avec une reliure en veau fauve, ornée des armes du prince Charles-Alexandre de Lorraine, gouverneur des Pays-Bas. Ces armes sont celles de Lorraine simple, avec la légende : Charles de Lorraine. La signature du prince se trouve sur la première page du livre.

ACQUISITIONS FAITES PAR LE COMITÉ.

Le Comité, afin de réunir au Musée divers spécimens de l'œuvre de Saint-Urbain, a acquis quatre médailles : des papes Clément XI, Clément XII, du duc Charles V et du prince Charles-Alexandre, plus un poinçon et un coin des Métamorphoses d'Ovide, également gravés par le grand artiste.

Le Comité a aussi acquis un exemplaire de la seule des grandes médailles de Nicole qui ait été frappée en bronze (Christian III, comte palatin du Rhin).

BIBLIOGRAPHIE LORRAINE.

Sigillographie de Toul, par Charles Robert, correspondant de l'Académie des inscriptions et belles-lettres. — Paris, chez Rollin et Feuardent, grand in-4°, 41 planches de sceaux.

Histoire de Verdun et du pays verdunois, par M. l'abbé Clouët, bibliothécaire de la ville, etc. — Verdun, Ch. Laurent, 1867, in-8°, tome Ier.

L'Ecole des Cadets-Gentilshommes du Roi de Pologne à Lunéville (1738-1766), par Arth. Benoit. — Lunéville, Majorelle, 1867[1].

Recherches philologiques sur les forêts des Gaules et sur les origines qui s'y rapportent, par le R. P. Bach. (Extrait des *Mémoires de la Société d'histoire et d'archéologie de la Moselle,* 1867.) — Metz, Rousseau-Pallez, 1868, in-8° d'une feuille. (Utile à consulter pour la géographie antéhistorique de la Lorraine.)

De la formation française des anciens noms de lieu. Traité pratique suivi de remarques sur des noms de lieu fournis par divers documents, par J. Quicherat,... — Paris, A. Franck, 1867, in-16 de 176 pages. (Il y est question de plusieurs localités lorraines.)

Essai sur l'origine, le développement et les résultats de la lutte entre la Neustrie et l'Austrasie. Ebroïn et saint Léger, par Ludovic Drapeyron,... — (Paris,) imp. impériale, 1868, in-8° d'une feuille 1/4. (Extrait des *Mémoires lus à la Sorbonne.*)

Recueil de Chartes originales de Joinville, en langue vulgaire. Publié par M. N. de Wailly,... — Paris, A. Lainé et J. Havard, 1868, in-8° de 3 feuilles 1/2. (Quelques-unes concernent la Lorraine. Extrait de la *Bibliothèque de l'Ecole des Chartes.*)

Etude sur le pallium et le titre d'archevêque jadis porté par les évêques de Metz, par Charles Abel,... — Metz, Rousseau-Pallez, 1867, in-8° de 5 feuilles et 1 planche. (Extrait des *Mémoires de la Société d'histoire et d'archéologie de la Moselle.*)

Note sur le grès infraliasique du département de la Meurthe, par M. Benoist. — Bordeaux, F. Degréteau (1868), in-8° d'une demi-feuille et 1 planche. (Extrait des *Actes de la Société linnéenne de Bordeaux.*)

Recueil nouveau de vieux noëls inédits en patois de la Meurthe et des Vosges, par Louis Jouve. — Nancy, A. Lepage (1868), in-8° de 5 feuilles 1/2. (Extrait des *Mémoires de la Société d'Archéologie lorraine.*)

Révision des poissons qui vivent dans les cours d'eau et dans les étangs du département de la Moselle..., par J.-B. Gehin,... — Metz, J. Verronnais, 1868, in-8° de 6 feuilles 3/4. (Extrait du *Bulletin de la Société d'histoire naturelle de la Moselle.*)

Plantes vénéneuses, dangereuses ou suspectes de l'arrondissement de Montmédy, par Ph. Pierrot. Extrait du *Journal de l'arrondissement de Montmédy.* — Montmédy, Ph. Pierrot-Caumont (1868), in-8° de 2 feuilles 3/4.

1. Ce qui suit est la liste, dressée par notre honorable confrère M. Schmit, des ouvrages lorrains venus à la Bibliothèque impériale par voie de dépôt légal ou d'acquisition.

Météorologie agricole du canton de Remiremont en 1867... par X. Thiriat. — Remiremont, Mme Leduc, 1868, in-16 de 39 pages.

Die ehemalige Abtei Hesse. Von Dagobert Fischer. (Besonderer Abdruck aus dem *elsassischen Samstagsblatt.*) — Mulhouse, J.-P. Risler, 1866, in-8° d'une feuille 1|4.

Die ehemalige Abtei und die Stadt Lixheim, von Dagobert Fischer. (Besonderer Abdruck des *Elsassischen Samstagsblatt.*) — Mulhouse, J.-P. Risler, 1865, in-8° d'une feuille 1|4.

Histoire d'un interrègne à Metz, 1652-1660, par le R. P. Bach. (Extrait des *Mémoires de la Société d'histoire et d'archéologie de la Moselle.*) — Metz, Rousseau-Pallez, 1868, in-8° de 3|4 de feuille.

Plappeville. (Signé : Viansson.) — Metz, Rousseau-Pallez (1868), in-8° de 2 feuilles. (Extrait des *Mémoires de la Société d'histoire et d'archéologie de la Moselle.*)

Notice historique sur la vie et les travaux du docteur Boudin,... par J.-A.-N. Perier,... — Paris, Hennuyer, 1868, in-8° de 3 feuilles. (Jean-Christian-Marc-François-Joseph Boudin, né à Metz le 27 avril 1806, mort à Paris le 9 mars 1867. — (Extrait des *Mémoires de la Société d'anthropologie.*)

Boulay de la Meurthe. — Paris, Ch. Lahure, 1868, in-8° de 25 feuilles. (La note préliminaire est signée J.-B., sans doute Jos. Boulay. — Non destiné au public.)

Der selige Petrus Fourier,... von Karl Ritter,... — Lintz, F.-J. Ebenhoch, 1855, in-8° de 26 feuilles.

Oraison funèbre de M. l'abbé George,... prononcée à la cathédrale de Toul, le 13 février 1868, par M. l'abbé Gombervaux,... — Toul, A. Bastien, 1868, in-8° d'une feuille.

Petite biographie populaire de M. le baron de Ladoucette,... — Gap, P. Jouglard, in-8° d'une 1|2 feuille. (Publiée à l'occasion de l'inauguration de sa statue à Gap, le 23 septembre 1866.)

Histoire de Chenonceau,... par M. l'abbé C. Chevalier,... — Lyon, Louis Perrin, 1868, in-8°. (Les chapitres 25 et 26, pages 381 à 416, sont consacrés à Louise de Lorraine.)

Retraite de Moscou. Notes écrites au quartier de l'Empereur, par le général Paixhans. — Metz, V. Maline, 1868, in-8° de 4 feuilles. (Autobiographie du général.)

Stofflet et la Vendée, par Edmond Stofflet. — Pont-à-Mousson, Bordes, 1868, in-8° de 2 feuilles 1|2. (Jean-Nicolas Stofflet, né à Bathelémont-lès-Bauzemont en 1750.)

Pour la commission de rédaction : le Président, HENRI LEPAGE.

Nancy, imp. de A. LEPAGE, Grande-Rue (Ville-Vieille), 14.

H. Lepage

JOURNAL

DE LA

SOCIÉTÉ D'ARCHÉOLOGIE

ET DU

COMITÉ DU MUSÉE LORRAIN.

17e ANNÉE. — 6e NUMÉRO. — JUIN 1868.

M. l'abbé Guillaume, trésorier de la Société d'Archéologie lorraine, demeure actuellement rue du Haut-Bourgeois, n° 15.

SOCIÉTÉ D'ARCHÉOLOGIE.

TRAVAUX DE LA SOCIÉTÉ.

Séance du 8 mai.

PRÉSIDENCE DE M. HENRI LEPAGE, PRÉSIDENT.

Le procès-verbal de la dernière séance est lu et adopté

Le Président donne lecture d'une lettre de M. le Secrétaire perpétuel de l'Académie de Stanislas, invitant les membres de la Société d'Archéologie à assister à la séance publique annuelle.

9

Lecture est également donnée d'une lettre de M. le Président de l'Académie impériale de Metz, qui invite MM. les membres de la Société à la séance publique annuelle de l'Académie.

Le Président donne communication du programme des prix proposés par la Société d'Emulation des Vosges pour l'année 1868. Cette Société décerne des récompenses, dont elle se réserve de déterminer la nature et l'importance, au meilleur ouvrage écrit sur les Vosges (histoire du pays, soit générale, soit particulière ; recherches archéologiques, légendes ou chroniques ; histoire littéraire ou artistique ; notices sur les monuments ou les coutumes). Un concours spécial est ouvert sur le sujet suivant : *Eloge de Pellet.*

Les membres de la Société d'Archéologie qui seraient dans l'intention de prendre part à ces différents concours sont prévenus qu'ils devront adresser leurs travaux au Secrétaire perpétuel de la Société d'Emulation, à Epinal, avant le 1er juillet pour les premiers, et avant le 1er août pour le dernier.

Présentation d'un membre.

M. Julien Cordier, avocat à la Cour impériale de Nancy, est présenté comme candidat par MM. Rouyer, Bretagne et Laprevote.

Ouvrages offerts à la Société.

Histoire de Verdun et du pays verdunois, par M. l'abbé Clouet, bibliothécaire de la ville, 1867, tome Ier.

Sigillographie de Toul, par M. Charles Robert, correspondant de l'Académie des Inscriptions et Belles-Lettres, 1868, 41 planches de sceaux.

De quelques antiquités gauloises en Lorraine, par-

ticulièrement du briquetage de la Seille, par M. P. Morey, 1868.

Notice sur la Vie et les OEuvres de R. P. François Deraud, architecte lorrain, par M. P. Morey, 1868.

L'Abbé Bexon. Etude biographique et littéraire, par M. Paillart, 1868.

Travaux de toute nature à exécuter au compte de la ville de Nancy, de 1868 *à* 1873, cahier des charges, offert par M. Morey.

Bordereau des prix des ouvrages de toute nature à exécuter pour la ville de Nancy, offert par M. Morey.

Revue des Sociétés savantes des départements, publiée sous les auspices du Ministre de l'Instruction publique, 4e série, tome VI, décembre 1867.

L'Institut, journal universel des Sciences et des Sociétés savantes en France et à l'étranger, 11e section, sciences historiques, archéologiques et philosophiques, janvier et février 1868.

Mémoires lus à la Sorbonne dans les séances extraordinaires du Comité impérial des travaux historiques et des Sociétés savantes, tenues les 23, 24, 25 et 26 avril 1867, histoire, philologie et sciences morales.

Mémoires de la Société impériale d'Agriculture, Sciences et Arts d'Angers. (Ancienne Académie d'Angers.) Nouvelle période, tome Xe, 3e et 4e trimestres de 1867.

Bulletins de la Société parisienne d'Archéologie et d'histoire, fondée le 7 mars 1865, tome Ier, 1865.

Mémoires de la Société académique d'Archéologie, Sciences et Arts du département de l'Oise, tome VI, 3e partie, 1867.

Lectures.

M. Louis Benoit lit une notice : *Les vitraux de l'église de Fénétrange,* qui sera publiée dans le prochain volume des *Mémoires de la Société.*

M. H. Lepage donne lecture d'un mémoire intitulé : *Quelques questions de géographie moyen âge,* qui sera imprimé dans le même volume des *Mémoires.*

MÉMOIRES.

LE PRIEURÉ DE BÉNÉDICTINS DE SAINT-NICOLAS[1].

Abbrégé de l'histoire du prieuré de Saint-Nicolas, pour justifier que l'église a toujours esté prieurialle et jamais paroissialle, de manière que les paroissiens en aient eu la propriété, comme ils l'ont ailleurs dans les villages et dans les villes.

Tous les historiens du pays conviennent qu'avant le dousième siècle il y avoit une chapelle ou petite église appartenante à l'abbaye de Gorze et au prieuré de Varangéville, soub l'invocation de Nostre-Dame, ou, selon un tiltre qui est conservé dans l'archive de Saint-Nicolas, soub l'invocation de saint Michel ; mais il est constant que cette église n'estoit pas paroissialle et qu'elle n'appartenoit pas aux paroissiens de Saint-Nicolas, parce que le bourg de Saint-Nicolas n'estoit pas encore basti, et que c'estoit une grande forrest, laquelle, depuis le haut de la montagne, aboutissoit sur la rivière. Cela est si vrai, que la rue qui est bastie sur le panchant de laditte montagne s'appelle encore aujourd'huy la rue du Haut-des-Chesnes, de sorte qu'au lieu que l'on appelle aujourd'huy Saint-Nicolas, il n'y avoit qu'une petite métérie bastie sur le fond du prieuré de Varangéville, proche l'église dont nous venons de parler, et peu éloignée du Port, c'est-à-dire du lieu où abordoient les voilles de planches et d'arbres de sappins qui descendoient des

1. La notice que nous publions se trouve en manuscrit à la bibliothèque publique d'Epinal, et nous a été communiquée par M. Chapellier, archiviste de la Société d'Emulation des Vosges, membre de la Société d'Archéologie lorraine.

montagnes de Vosge, et dont on faisoit un amas et un grand trafique, de mesme que l'on fait encore aujourd'huy.

Vers l'année mille quatre-vingt-cinq, les habitans de la ville de Barry, comme Sigebert et Baronius l'assurent, prévinrent les Vénitiens et enlevèrent de la ville de Myrre, qui avoit esté pillée et désolée par les Turques, le corps de saint Nicolas, et l'emportèrent avec grande joye et comme en triomphe dans leur ville de Barry, où estant, ce saint continua de faire les mesmes prodiges et miracles qu'il faisoit à Myrre.

Trois ans après, c'est-à-dire environ l'an onze cents, un gentilhomme du pays, nommé Albert, retournant de la Palestine, et faisant ses dévotions dans l'église de Barry, au tombeau de saint Nicolas, il trouva moyen d'engager le sacristain de cette église de luy donner deux petits os de la jointure des doits de ce très saint corps. Ce gentilhomme, ayant reçu ce présent avec beaucoup de reconnoissance, revint heureusement au pays, comme l'a remarqué Richerius, religieux de l'abbaye de Senonne, dans la belle histoire qu'il a composée, et, après avoir conservé cette sainte relique quelque temps dans sa maison, il consulta l'abbé de Gorze, qui estoit son seigneur spirituel et temporel, et il fut convenu entre eux que cette sainte relique seroit déposée dans la chapelle ou petitte église du Port, de laquelle nous avons parlé, et que, pour satisfaire à la piété des pèlerins qui commençoient à la connoitre par les miracles que Dieu faisoit à son occasion, les religieux de Varangéville bastiroient une maison régulière auprès de cette église pour la desservir et y administrer les sacremens aux pèlerins ; ce qui a donné le commencement et a été le fondement du prieuré et de la belle église de Saint-Nicolas, qui est aujourd'huy le plus beau sanctuaire des Estats de Son Altesse Roiale. M. Grandemange, prévôt et maire de Saint-Nicolas, convient de cette origine dans un bel écrit qu'il a composé, et mesme nous apprend qu'en ce tems-là il n'y avoit point d'autre curé ou ecclésiastique pour administrer les sacremens tant à Varangéville qu'à la métérie de Port, que les bons religieux de Varangéville et dudit lieu de Port, qui prit en ce tems-là le nom de Saint-Nicolas ; il a mesme la bonté de convenir que, dans la succession des tems, lorsqu'il n'y a plus eu de religieux ny à Varangéville, ny à Saint-Nicolas, ce qui a duré plus de deux cents ans, les vicaires perpétuels de Varangéville et de Saint-Nicolas, son annexe, n'ont jamais eu aucune part aux offrandes et oblations que les pèlerins font au bras de saint Nicolas et dans l'église, mais qu'elles ont toujours esté perçues par M. l'abbé de Gorze, comme propriétaire de l'église, par des religieux de son abbaye, qui y ont résidé jusque au tems que cette grande abbaye a esté sécularisée, et ensuitte par des trésoriers, qui en rendoient compte, mais jamais par les curés, comme ledit sieur Grandemange, très sçavant dans les archives de Saint-Nicolas, de Varangéville et mesme de Gorze, a très-bien remarqué dans les beaux mémoires qu'il a faits à ce sujet ; ce qui est une preuve que l'église ne leur appartenoit pas.

Par succession de tems, la maison et l'église de Saint-Nicolas, qui n'estoient dans leur commencement qu'une petite dépendance de Varangéville, sont devenus un beau prieuré et une seconde fille de Gorze, distincte et séparée de Varangéville, où l'ordre de saint Benoist a fleury plus de deux cents ans, y ayant un prieuré et une communauté considérable, comme il est justifié par plusieurs beaux tiltres et rescrits de Rome, que l'on a récupéré à Nancy, à Metz et à Saint-Nicolas, ché des tabellions et bourgeois, qui les ont trouvé meslés parmis les nottes de leur étude et les papiers de leur famille, l'incendie de mille six cents trente-cinq aiant malheureusement consommé tous ceux que les trésoriers de l'église et les Ambrosiens y avoient laissés en 1623. Le plus ancien de ces tiltres est de l'an 1242. Mathieu 2, duc de Lorraine, estant amis de Frédéric 2, empereur, attira sur ses Estats un interdit, publié au concile de Lion, contre ceux qui soutenoient ledit empereur, excommunié par Grégoire 9e et par Innocent 4e, son successeur ; ce qui releva beaucoup la réputation de l'église de Saint-Nicolas, car, en 1254, un légat du saint-siége cardinal-prêtre, du tiltre de Sainte-Sabinne, donne pouvoir au prieur et couvent de Saint-Nicolas, qu'il califie de l'ordre de saint Benoist, de célébrer dans leur église le saint sacrifice de la messe, nonobstant l'interdit publié à Lion. Voicy comme ce légat parle : Frater Hugo, miseratione divina ecclesiæ Sanctæ Sabinæ presbiter cardinalis, apostolicæ sedis legatus, dilectis in Christo priori et conventui sancti Nicolai, ordinis sancti Benedicti, Tullensis diœcesis, salutem in Domino. Dignum est, etc., ut cum villam de Portu supponi contigerit interdicto liceat vobis in ecclesia vestra, non pulsatis campanis, voce submissa, interdictis et excommunicatis exclusis, divina officia celebrare, etc. Par ce tiltre, il est constant et incontestable qu'en 1254, le monastère de Saint-Nicolas estoit en prieuré de l'ordre de saint Benoist, et que l'église de ce monastère appartenoit au prieur et religieux de ce monastère, ce que ces mots suivants :

liceat vobis in ecclesia vestra divina officia celebrare, signifient clairement et sans équivoque.

Le pape Nicolas 3e, en mille deux cent septente-huit, tient le même langage ; voicy comme il parle : ***Nicolaus episcopus, servus servorum Dei, dilectis filiis priori et conventus prioratus sancti Nicolai de Portu, ordinis sancti Benedicti.*** Ce tiltre est une concession d'indulgence que ce pape donne à l'église de Saint-Nicolas, et qu'il adresse au prieur, comme maistre de l'église. Conrade, évêque de Toul en 1289, conférant des indulgences aux pèlerins qui fréquentoient l'église de Saint-Nicolas, et parlant le langage de son tems, appelle le monastère de Saint-Nicolas ***prieuré : volens prioratum sancti Nicolai de Portu in suis necessitatibus relevare.*** Et c'est ainsi que les papes et les évêques, il y a plus de quatre cents ans, reconnoissent le monastère et l'église de Saint-Nicolas pour prieuré de l'ordre de saint Benoist, et adressent leurs bulles au prieur et au couvent comme maistre et propriétaire de l'église ; c'est ce que nous reconnoissons encore en 1538, par un rescrit du pape Paul 2. Il s'agissoit d'un bail emphitéotique d'une métérie de la dépendance du prieuré de Saint-Nicolas. Le souverain pontife, dans son rescrit, qualifie le prieuré de Saint-Nicolas de l'ordre de saint Benoist, et spécifie trois prieurs qui l'avoient possédé, sçavoir : Pierre de Lucey, le cardinal de Lorraine du tiltre de saint Onuphre, et Jean Fresnel, tous prieurs commendataires de l'ordre de saint Benoist.

Par tous ces tiltres, il est clairement prouvé que les prieurs et religieux de Saint-Nicolas ont esté de l'ordre de saint Benoist et les maistres de leur église jusqu'en 1538, puisque les papes et les évesques diocésains les ont reconnus pour tels, et leurs ont adressé leurs rescrits, leurs ordonnances, leurs grâces et indulgences jusque en ladite année. Depuis ce tems-là, l'abbaye de Gorze ayant esté sécularisée, et n'y ayant plus eu de religieux de l'ordre au prieuré de Saint-Nicolas, il a esté soub l'authorité des prieurs commendataires et de l'abbé de Gorze, qui y a toujours estably des trésoriers, qui luy ont rendus et tenus compte des oblations, jusqu'au tems de Simon Moïcet, qui a esté inventeur et du temple que nous voyons aujourd'huy très-dévot promoteur, faisant du prieuré plusieurs admodiations, et y exposant du sien grande quantité pour ériger cette église en beauté. Ces parolles, qui sont tirées de la plaque attachée à un pillier de l'église de Saint-Nicolas, et qui nous donne connoissance du nom et de l'illustre personnage qui a jetté les fondements et basty cette belle église que nous voyons aujourd'huy à Saint-Nicolas, nous font connoître, ou qu'il estoit prieur du prieuré de Saint-Nicolas, ou qu'en qualité de commis et de trésorier de l'église, il avoit le pouvoir de M. l'abbé de Gorze, ou du prieur commendataire, pour faire des admodiations des biens du prieuré, recevoir et employer les offrandes et oblations à la construction de cet auguste temple, faisant, dit l'autheur de laditte plaque, plusieurs admodiations du prieuré et des oblations, etc.

M. Grandemange voudroit bien trouver dans cette plaque de quoy prouver que le R. Père Dom Simon Moïcet, qui a basty l'église, estoit curé de Saint-Nicolas, pour en tirer des conséquences qui luy fussent avantageuses, mais il n'y trouve rien moins, au lieu que nous y trouvons qu'estant en droit de prendre les oblations et les revenus du prioré qu'il admodioit pour bastir son église, cela prouve bien mieux qu'il en estoit le prieur et le maistre, ou au moins l'administrateur de la part de Gorze ou du prieur titulaire ; ce qui revient très-bien à prouver que l'église de Saint-Nicolas ayant esté bastie avec les revenus du prieuré et avec les oblations qui ont toujours appartenus au prieur, de l'aveu et du consentement du sieur Grandemange, il s'ensuit qu'ayant esté bastie sur son fond et à ses frais, elle luy appartient, quoiqu'il ait bien voulu permettre dans la suitte, lorsque le peuple s'est grossi, que les bourgeois de Saint-Nicolas en fassent par précaire leur paroisse ; ce qui est si vray et si reconnu dans l'évêché, que tous les évesques et les doyens rureaux, qui ont fait de tems en tems la visitte du saint sacrement, des fonds de bâtême et des saintes huiles de la paroisse, disent tous qu'ils ont fait la visite de la chapelle des fonds, où fonds baptismaux sont, et où le saint sacrement de la paroisse est conservé, et qu'au surplus les paroissiens ont un droit acquis de faire dire la messe de paroisse à l'autel de Saint-Nicolas, etc. Et il est icy de conséquence de remarquer que cette chapelle des fonds est aussy ancienne que le bourg de Saint-Nicolas, parce qu'elle a donné le nom à la rue qui est joignant l'église, et que l'on appelle la rue des Fonds ; et si les comparaisons peuvent servir de preuves pour confirmer au prieur et religieux de Saint-Nicolas la propriété de leur église, nonobstant qne les bourgeois de Saint-Nicolas aient un droit acquis d'en faire leur paroisse, nous n'avons qu'à examiner ce qui se fait dans l'église de Varangéville, bastie par Henri, abbé de Gorze, et de laquelle, sans contestation, Messieurs de la Primatiale sont les véritables propriétaires par l'union qu'ils en ont fait à leur chapitre, et nous trouvons : 1° quelle est l'église matrice de Saint-Nicolas et de Varangéville ; 2° qu'il y a des fonds de baptême au dedans ; que le saint sacrement de la paroisse y est conservé, aussi bien que les saintes huiles, et que le curé y fait touttes les fonctions de paroisse, à la réserve qu'il n'y a jamais chanté ny messe ny vespre, ny enterré pas un de ses paroissiens, les prieurs de Varangéville et de Saint-Nicolas s'estant toujours réservé le chant et de faire les divins offices ; d'où je tire cette conséquence que, comme MM. de la la Primatialle et M. Grandemange ne conviennent pas que l'église de Varangéville appartient aux habitans du lieu, nonobstant qu'ils en fassent leur paroisse avec plus de droit et de prérogatives que les bourgeois de Saint-Nicolas n'en ont dans la grande église, il s'ensuit que lesdits bourgeois ne doivent pas s'approprier, comme ils le voudroient, la grande église, soub prétexte qu'ils sont en possession d'en faire leur paroisse ; vérité qu'ils ont très-bien reconnue lorsqu'il a esté question de faire pour plus de quatre cents écus de pavé, les années dernières, tant à l'entour de l'église que de la maison de cure, qui en a beaucoup, à cause de son jardin qui est scitué sur une rue. Ils ont fort bien obligé les prieur et religieux de faire ce pavé, disant que l'église et la maison de cure leurs appartenoient. Enfin, une preuve convaincante de la propriété et supériorité que les prieurs de Varangéville et de Saint-Nicolas ont toujours eu dans leur église, est qu'ils n'ont jamais permis à leur vicaires faisants les fonctions de curés d'y chanter ny messes, ny vespres, ny obsèques, s'estant toujours réservé de faire ces fonctions ; et les prieurs de Saint-Nicolas, par dessus ceux de Varangéville, n'ont jamais voulu permettre ny enterrement, ny ouverture de terre dans la grande église, pas même aux curés du lieu décédés, sinon qu'en 1631. Ils voulurent bien, par une grâce spécialle, accorder au sieur Martin, leur bienfaiteur et dernier vicaire séculier de Saint-Nicolas, qui mourut cette année, d'estre enterré dans leurs caveaux avec les religieux défuncts soub le grand autel, ses prédécesseurs n'ayant jamais pu obtenir, ny pour eux ny pour aucun paroissien, cet honneur ; ce qui n'auroit pas manqué d'arriver si les paroissiens et les curés avoient esté les maîtres de l'église.

Voilà la situation du prieuré de Saint-Nicolas jusqu'au commencement du siècle dernier, auquel tems il s'y fit un changement considérable. Le grand duc Charles et Monseigneur son fils, cardinal et légat du saint-siége, jettèrent les fondements de l'église primatialle de Nancy, et, par bulle de Clément huitième, le prieuré de Saint-Nicolas fut uni à cette église pour faire partie de sa dotation. Leur premier dessein ayant esté de supprimer les divins offices dans l'église de Saint-Nicolas, et de laisser seulement quelques prêtres pour satisfaire aux charges du pèlerinage, on commença à enlever tous les ornemens et tous les joiaux et argenteries qu'il y avoit ; mais, comme cette prétendue suppression du divin service fit un grand bruit, et au pays et à Rome, on changea de dessein et on prit le party d'y mettre une communauté religieuse, qui fut d'abord de religieux de saint Jérome, appelez communément Ambrosiens ; mais, comme ils estoient estrangers et qu'ils n'estoient pas accoutumez à l'air et aux mœurs des ultramontains, ils retournèrent en Italie, en 1613, et abandonnèrent l'église de Saint-Nicolas avec le peu d'ornemens, joiaux et argenterie que Messieurs de la Primatialle leur avoient donné au tems de leur introduction, qui fut en 1604. L'on ne sçait pas si leur fidélité fut sincère et exacte dans cet abandonnement, ny ce qui arriva depuis leur sortie jusqu'à l'arrivée des Pères Bénédictins, qui leur succédèrent en 1615. Comme Messieurs de la Primatialle, par l'union du prieuré de Saint-Nicolas, estoient devenus les maistres et propriétaires tant de l'église que des joiaux, ornemens et argenterie de ladítte église, et qu'ils en ont pu légitimement disposer pour meubler la sacristie et le sacraire de leur nouvelle église, il n'appartient à personne de les critiquer là-dessus, chacun faisant de son bien ce qu'il veut ; et, quand ils n'auroient fait qu'une portion médiocre desdits ornemens, joiaux et argenterie aux Ambrosiens et aux Bénédictins qui leur succédèrent, ny les uns, ny les autres n'auroient pas droit de se plaindre, au contraire, ils ont tout sujet de se loüer de leur avoir laissé le beau bras, avec les saintes reliques de saint Nicolas, donné par René, roy de Cicile d'heureuse mémoire[1] ; le grand Melchisedec, qui est un ancien meuble du trésor, et les riches et belles chappes, tuniques et chasubles d'Angletaire données à l'église de Saint-Nicolas par une de nos princesses, qui estoit devenue par sa vertu, par sa beauté et par sa naissance, reine d'Angletaire, et quatre petits enfans d'argent que nos pieuses duchesses avoient donnés à l'église de Saint-Nicolas en reconnoissance de leurs heureuses couches, avec quelques autres ornemens et argenterie qui y sont encore aujourd'huy, à la réserve des petits enfans, d'une lampe et de quelque autre chose que l'on a esté obligé de porter au billon de Metz par ordre du roy de France, comme on le dira ailleurs, pour

1. Voy. dans le *Journal de la Société d'Archéologie*, t. III, p. 34, t. V, p. 13, et t. XI, p. 180, les Inventaires du trésor de l'église de Saint-Nicolas.

répondre à la médisance et à la critique de quelques esprits malfaits qui ont, sans connoissance, accusé des dissipations des religieux supérieurs de Saint-Nicolas, qui ont le plus contribué au rétablissement de l'église, à faire un fond nécessaire pour son entretien, et à bâtir la maison que Leurs Altesses Royalles ont choisy pour en faire souvent leur demeure et l'honnorer de leur présence. Mais, avant que de répondre à la critique injuste de ces rejettons de Baillard, poursuivons notre histoire et disons que le prieuré de Saint-Nicolas avec son église et toute sa dépendance ayant esté unis canoniquement à l'église primatialle de Nancy, par bulle de Clément huitième, les chanoines de cette église y introduisirent les religieux de saint Jérôme, par traité de l'an 1604, et que ces religieux s'en estant retournés en Italie en 1613, lesdits chanoines, par traité de l'an 1615, subrogèrent les religieux Bénédictins de la congrégation de saint Vanne et saint Hidulphe à tous les droits, raisons, noms et actions acquis auxdits religieux de saint Jérôme par le traité du 8 septembre l'an 1604, par traité du 8 septembre de l'an 1618, par lequel 1° ils cèdent l'église de Saint-Nicolas auxdits RR. PP. de la congrégation de saint Vanne et saint Hidulphe pour la posséder en propriété comme lesdits cédans la possédoient; 2° ils leur cèdent tous les joiaux et ornemens qui estoient, lors dudit traité, dans l'église ; 3° ils leur cèdent les bâtimens qui sont joignants l'église dans l'enceinte du prieuré, qui faisoient l'ancien prieuré ; 4° ils leur cèdent et abandonnent toutes les oblations certaines et incertaines qui se pourront faire dans l'église par les pèlerins ou autres ; 5° et tous les profits et émolumens des confréries ou provenants de l'administration des sacrements ; 6° ils leur cèdent le droit de patronage de la cure de Saint-Nicolas pour la faire unir à leur manse ; 7° ils leur cèdent enfin deux cents francs barrois deus par le domaine pour la fondation de la messe du prince, et leur promettent avec six cents francs de rentes annuelles et perpétuelles à prendre sur les rentes et revenus du prieuré, aux charges et conditions suivantes, etc.; et surtout entre autres, qu'ils feront unir la cure de Saint-Nicolas à leur manse, et qu'ils se chargeront de tous les procez meus et à mouvoir contre les curés de Varangéville à l'occasion de certains droits par eux prétendus dans l'église de Saint-Nicolas. Ils ont exécuté l'article de l'union de la cure, à charge pourtant qu'elle sera desservie par un vicaire amovible *ad nutum prioris,* et ont pris possession de l'église dans les formes, en présence du maire du lieu, du sieur curé et de plusieurs notables bourgeois, qui ont signez comme témoins cette prise de possession *nemine reclamente aut contradicente,* et sont demeurés en cette possession paisible de l'église, des joiaux, ornemens et argenterie depuis l'an 1613, sans y estre troublez, ny inquiétez par qui que ce soit ; ce qui justifie jusqu'à huy que l'église de Saint-Nicolas et ses ornemens leur appartient, comme estant aux droits de Messieurs de la Primatialle, auxquels le tout appartenoit par une bonne union, faite par bulle apostolique.

De sorte qu'il ne paroit plus de difficulté, sinon au sujet de l'union de la cure, qui n'a esté faite que pour être desservie par un prêtre séculier en vertu de l'union que Monseigneur Nicolas-François de Lorraine, évêque de Toul, en a fait à la manse desdits religieux en 1631, laquelle union a esté confirmée par arrest de la Cour souveraine de Lorraine séante au Pont-à-Mousson, en 1663.

Depuis lequel tems, laditte cure aiant esté desservie par un religieux, au lieu d'un prêtre séculier, jusques en l'année dernière 1705[1], transaction seroit intervenue entre la chambre de ville de Saint-Nicolas et les prieur et religieux dudit lieu, portant que, pour le bien de la paix et pour éviter cy après toutes les difficultés qui ne manqueroient pas de naistre s'il y avoit un prêtre séculier qui fit l'office de curé dans la même église où lesdits religieux font les divins offices, laditte chambre de ville consent, au nom de la communauté, que la cure dudit Saint-Nicolas soit doresnavant et pour toujours unie à la manse conventuelle dudit prieuré et desservie par un religieux prêtre de laditte maison, approuvé par Monseigneur l'évêque, aux conditions portées par ladite transaction du 26 juin 1705; à laquelle transaction les sieurs Miquel et Cadot, bourgeois de Saint-Nicolas, s'estant opposés et portés leurs plaintes au conseil de S. A. R., les parties ont esté renvoyées par devant M. de Mahuet, premier président de la Cour souveraine, pour estre ouyes; en exécution duquel renvoy les parties opposantes ayant esté ouyes par ledit sieur de Mahuet, elles ont expliqué la première transaction faite entre eux plus nettement qu'elle n'estoit énoncée pour obvier par ce moien à toutes les difficultés qui en auroient pû naistre, et pour cet effect sont convenues, en présence dudit sieur de Mahuet, de tous les points rapportez en laditte seconde transaction du 12 décembre 1706, à la fin de laquelle ledit sieur de Mahuet déclare qu'après avoir entendu les parties, et entre autres lesdits Cadot et Miquel et examiné leur mémoire en leur présence, il est d'avis, pour le bien et uti-

1. Le manuscrit que nous publions a donc été rédigé en 1706.

lité des habitans et communauté de Saint-Nicolas, qu'il est à propos d'exécuter ce qui a esté convenu en laditte transaction du 12 décembre 1706 ; ce que ledit sieur de Mahuet a signé avec la chambre de ville et les religieux dudit Saint-Nicolas ; au préjudice de quoy lesdits religieux sont avertys que le sieur Grandemange, accompagné des sieurs Cadot et Miquel, se seroient de rechef présentez au conseil de S. A. R. et auroient obtenus un décret qui renvoie les parties par devant M. Sarasin, maitre des requestes ordinaires de sadite Altesse, pour estre ouyes tant sur le fait de laditte transaction que sur des prétendues dissipations de joyaux et argenterie de l'église de Saint-Nicolas, qu'ils ont imposé à plusieurs supérieurs qui ont gouverné la maison et l'église de Saint-Nicolas.

Pour ce qui est de laditte transaction rectifiée et approuvée par M. de Mahuet, premier président de la Cour souveraine, les religieux de Saint-Nicolas disent que sa probité, son discernement, son bon sens, et sa profonde érudition, jointe à une expérience consommée dans les affaires, justifie assé la justice de cette transaction, par cela seul que ce premier magistrat, députė par Son Altesse Royalle pour en prendre connoissance, l'a approuvé et déclaré que c'estoit le bien des parties de l'exécuter, pour conserver la paix dans une église où la guerre ne cesseroit jamais d'estre s'il y avoit autel contre autel. Et pour ce qui regarde la dissipation prétendue, que l'on impose très-faussement et très-injustement à plusieurs supérieurs qui ont gouverné la maison de Saint-Nicolas, on leur fait le plus grand tort du monde de les accuser de dissipation et de peu d'économie, on deveroit plûtost les soupçonner d'avoir fait de la fausse monnoye, ou d'avoir trouvé des trésors dans les masures où ils ont fait leur monastère, car leurs revenus ordinaires provenants ou des oblations que l'on a faict dans leur église, ou de leurs biens en fond, à peine ont-ils pu suffir à nourrir et entretenir quinze religieux, qui ont presque toujours composé cette communauté, qui a souvent esté de dix-huit à vingt religieux. Pour justifier cette avance, l'on pose en fait que jamais les oblations que l'on fait au bras de Saint-Nicolas n'ont passé deux mille francs, et que les messes n'ont jamais passé trois mille, ce qui fait quelquefois cinq mille francs par an........ 5,000 fr.

Plus la maison de Saint-Nicolas est couchée sur l'estat des charges du domaine pour............. 1,650 fr.

Plus, pour fondation, les administrateurs de l'hôpital de Saint-Nicolas payent environ cent cinquante francs................................ 150 fr.

Messieurs de la Primatialle de Nancy doivent donner six cens francs de cens annuelles ; mais, par un traité que l'on a fait avec eux, ils ont donné le droit de huge, les boutiques qui sont à l'entour de l'église, et un cens à vin sur le clos dessus, ce qui ne rapporte pas par an cinq cens francs.............................. 500 fr.

Le prieuré de Bleurville, qui est uni à leur manse, ne rapporte pas, toutes charges faites, qu'environ quatorze ou quinze cents francs.................. 1,500 fr.

Ils ont encore des locations de maisons à Saint-Nicolas pour environ douze ou treize cents francs, les réparations faites .... 1,400 fr.

Ce qui fait en tout 9,200 francs.

Plus, ils ont du grain et du vin à peu près assé pour leur deffruit sans en avoir jamais pu vendre pour un sol ; sur quoy il faut :

1° Entretenir leur église de toute sorte de réparation, ce qui revient au moins à la somme de six cents francs que la Primatialle leur donne.............. 600 fr.

2° Il faut entretenir leur maison et leur cloître, ce qui leur coûte au moins trois cents francs........ 300 fr.

3° Il faut entretenir leur sacristie de linges et d'ornemens, ce qui leur coûte par an, une année revenant à l'autre, au moins deux cents francs.......... 200 fr.

4° Il faut la façon de quatorze jours de vignes, ce qui revient au moins à douze cents francs...... 1,200 fr.

5° Pour l'entretien de quinze religieux, en habit et en nourriture, en chauffage et domestiques, à raison de quatre cents francs par religieux, il faut au moins six mille francs........................... 6,000 fr.

6° Pour les aumônes et la dépense qu'il faut faire pour les étrangers, il faut au moins mille francs. 1,000 fr.

Somme en tout : 9,300 francs.

Et partant, le revenu est à peu près égal à la dépense.

Dom Placide Beaufort et Dom François Castelan ont touché dix-huit cents livres pour le prix de l'argenterie portée au billon de Metz par ordre du roy de France................................ 4,200 fr.

Dépense de laditte somme.

Ledit Dom Castellan a fait faire tout à neuf trois autels en sculpture, qui ont cousté, les trois, six cents livres.................................. 1,400 fr.

Ledit Dom Castellan a de plus fait faire deux paix, l'une d'argent et l'autre en broderie chargée de petites perles, ce qui a coûté cent livres............ 233 fr.

Dom Joseph Baudinot a fait racommoder tout à neuf

une des belles chappes d'Angletaire, ce qui a coûté en fourniture et en façon, quatorze cents francs. 1,400 fr.

Dom Charles George a fait faire un Melchisedec d'argent avec sa lunette, pour porter le Très-Saint-Sacrement pendant la guerre que le gros estoit réfugié, ce qui a coûté deux cents livres.................... 466 fr.

Le même a fait racommoder en plastre la chapelle Saint-Pierre et les pilliers des tours qui estoient calcinés depuis l'an 1635, ce qui a coûté............. 200 fr.

Plus le Sépulchre ayant aussi esté bruslé en 1635, et les statues calcinées, il en a rétabli sept et fait faire un balustre de pierre blanche tout à neuf, ce qui lui a coûté trois cents livres.......................... 700 fr.

Plus le même a fait faire une croix de chasuble en broderie d'or, qui vaut environ deux cents francs. 200 fr.

Plus il a acheté six chasubles de soye, de différentes couleurs, qui ont coûté plus de cent escus.... 700 fr.

Le tout montant à plus de cinq mille francs. 5,000 fr.

Et partant ce qui a esté fait de neuf à l'église, en meubles, en effects qui subsistent encore, monte à plus de mille francs, plus que ce qui a esté vendu au billon par ordre du roy de France.

Plus les supérieurs de Saint-Nicolas ont fait faire huit cloches qui sont au petit cloché, qui ont coûté deux mille francs.............................. 2,000 fr.

Ils ont fait faire l'autel du Rosaire qui a coûté deux mille cinq cents francs .... 2,500 fr.

Plus l'autel de sainte Gertrude et l'autel de saint Quirin, qui ont coûté cent écus .... 700 fr.

Plus ils ont fait faire l'orgue, qui est un des meilleurs du pays, par feu M. Dognion, lequel a coûté plus de deux mille francs .... 2,000 fr.

Ils ont de plus fait faire les vitres, le pavé, les priser-vent des portes, les balustres qui sont sur les galeries au dedans de l'église, et une infinité d'autres choses qui me sont inconnues et qui ont coûté des sommes immenses.

Ils ont de plus fait tout à neuf le marnage et la couverture de l'église, avec un clocher qui est au-dessus du chœur de l'église, ce qui a coûté, en bois et en plomb, en écailles et ardoises et en façon d'ouvrier, avec les toits des collatéraux et les réparations des maîtresses murailles des tours, plus de cent mille francs ...... 100,000 fr.

Ils ont basty leur monastère qui coûte aussy plus de cent mille francs...................... 100,000 fr.

Tous les biens fonds du prieuré de Saint-Nicolas, qui avoient esté destinés par les fondateurs pour exécuter les fondations et pour entretenir l'église, ayant esté unis et incorporés à l'église primatiale de Nancy, ils ont esté obligés d'en acheter de nouveaux pour entretenir des religieux pour exécuter les anciennes fondations et avoir moyens d'entretenir l'église, ce qui leur a encore coûté, comme il est justifié pour les droits d'amortissement qu'ils ont payé à S. A. R. pour près de cent mille francs .... 100,000 fr.

Si on demande où les religieux de Saint-Nicolas ont pris toutes ces grandes sommes qu'ils n'ont pû tirer de leurs revenus ni des messes en oblations de l'église, on répondra que Dom Rupert Cailler fit faire des quettes pour faire les cloches et les réparations de l'église; mais le produit de ces quettes, eu égard aux frais qu'il a fallu faire en voyage et autrement, approche si peu de cette somme, que l'on peut dire hardiment qu'il n'a pas esté de mille escus.

Ce n'a pas esté non plus par la vente de l'argenterie que l'on a porté au billon par ordre du roy de France, puisque l'on en justifie le remploy en autre argenterie et ornemens de l'église. En portant cette argenterie à Metz, on a sauvé la belle lampe, deux ou trois bras d'argent, le gros porte-Dieu et plusieurs autres choses que l'on pouvoit y porter et en faire de l'argent, ce qui justifie que l'on n'y a porté que ce que l'on a pu sauver.

Ce n'a pas encore esté par les libéralitez de Messieurs les bourgeois de Saint-Nicolas, qui n'ont enrichy les Bénédictins de Saint-Nicolas qu'en difficulté et en procès, quoy que les Bénédictins aient toujours cherché et souvent trouvé les occasions de les servir et pour le spirituel et pour le temporel.

Ce n'a pas esté non plus par le moien des perles que l'on les accuse malitieusement et faussement d'avoir vendu au poid d'or avec beaucoup de joyaux et de bijoux ; si quelqu'un estoit assé hardy de l'avancer, ou en présence de témoins ou par escrit, celuy qu'il accuseroit en demanderoit une bonne réparation : on a l'inventaire des pierres qui sont enchâssées au bras d'or de saint Nicolas, refugié à Nancy avant l'incendie ; il est facile de le remplir.

Sur l'ornement d'Angletaire, il n'y avoit des perles que sur une chasuble, et, comme on a vu de tems en tems qu'elles se perdoient et qu'elles s'échappoient à cause que ce qui les tenoit estoit usé, on en a osté une partie, et on s'offre de les représenter à telle personne qu'il plaira à Son Altesse Royalle de dénommer à cet effet.

On peut donc dire au vray que la maison de Saint-Nicolas a profité, depuis l'an 1613, de la congrégation et des maisons opulentes qui en font partie, de plus de deux cents mille francs, qui ont esté donnés de tems en tems lorsqu'il y a eu de grosses réparations à faire à l'église, et lorsqu'ils ont fait leurs acquests et leurs bâtimens, de mesme que l'on voit aujourd'huy que c'est la congrégation qui fonde et bastit à ses frais et dépens l'église et l'abbaye de Saint-Léopold de Nancy.

DONS FAITS AU MUSÉE LORRAIN.

A la moitié du chemin qui conduit du moulin de Deneuvre au bois de la Rochotte et à droite de la route, on a trouvé, en défonçant le sol à une profondeur de 1m 20 environ, les débris d'une construction romaine qui paraît avoir été détruite par le feu. Déjà plus de cent blocs et une grande quantité de moellons en grès bigarré ont été retirés de la fouille, qui occupe un espace carré de 12 mètres de côté. Quelques-uns de ces blocs mesurent 1m 20 de longueur sur 0m 75 de hauteur et 0m 50 d'épaisseur. Ce sont les plus grands. Les moellons ont de 0m 25 à 0m 30 de longueur sur 0m 20 d'épaisseur. On n'a, jusqu'à présent, rencontré qu'une base de colonne, dont le fût tronqué a un diamètre d'environ 0m 30, quelques débris d'une nature analogue et une dalle épaisse mesurant 0m 80 sur 0m 76, qui a peut-être servi d'entablement.

Voici la liste des objets recueillis par M. MICHAUT, sous-directeur de la cristallerie de Baccarat, et qui ont été remis à M. Ch. Cournault, chargé par le Comité d'aller reconnaître les fouilles.

Une brique du genre de celles dont on fait usage aujourd'hui. — Une large brique striée qu'on employait peut-être au revêtement des murailles. — Fragments de plusieurs vases en poterie de fabrication diverse. — Fragments d'une bouteille carrée en verre. — Morceau de verre mousseline gravé, ruban et filets, dont la finesse et le parallélisme offrent un intérêt de fabrication. — Petite salière en verre coupée à froid et à bords flétés.—Moyen bronze de Faustine, épouse d'Antonin. Très-fruste.

Objets donnés par M. Gridel : Un chenet en fer. — Un marteau et des clous en fer qui ont dû être employés à la charpente. — Une charnière de porte en fer. — Une charnière de coffre en bronze.— Une tige en fer de 0^{m} 84 de longueur, terminée d'un côté par une douille, et de l'autre par un fleuron en bronze à moitié brisé.

— M. Godard-Desmarets, administrateur de la cristallerie de Baccarat, a aussi donné pour le Musée deux petites coupes en poterie brune très-fine, et un aureus de Lucius Verus, d'une conservation admirable. Ces trois objets ont été trouvés, il y a quelques années, dans le village de Deneuvre.

— M. Vivenot, architecte, a donné un hausse-col trouvé dans la Moselle, près de Pompey, en remontant un peu vers Liverdun.

— M. Nicolas, employé chez M. Vivenot, a offert un sabre trouvé en faisant des fouilles dans une cuisine à Dombasle. Il était placé à côté d'un assez grand nombre d'ossements, dans un cercueil en pierres plates dressées. Ce cercueil avait pour fond le sol naturel, et était à 0^{m} 50 de profondeur de l'aire de la cuisine.

Cet objet a été trouvé à Attiloncourt, en faisant des fouilles dans un jardin.

(*La suite des dons au prochain numéro.*)

ACQUISITIONS FAITES PAR LE COMITÉ.

Le Comité du Musée a acquis un panneau sculpté en bois de chêne, un arrosoir en cuivre gravé au XVIIe siècle, trouvé à Vézelise, et une pièce en argent de Léopold, 1701, trouvée à Chaouilley.

Pour la commission de rédaction : le Président, **Henri Lepage.**

Nancy, imp. de A. LEPAGE, Grande-Rue (Ville-Vieille), 14.

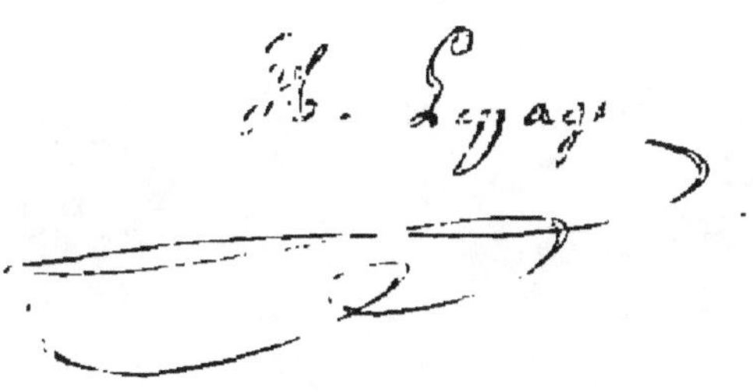

30

JOURNAL

DE LA

SOCIÉTÉ D'ARCHÉOLOGIE

ET DU

COMITÉ DU MUSÉE LORRAIN.

17e ANNÉE. — 7e NUMÉRO. — JUILLET 1868.

SOCIÉTÉ D'ARCHÉOLOGIE.

TRAVAUX DE LA SOCIÉTÉ.

Séance du 12 juin.

PRÉSIDENCE DE M. HENRI LEPAGE, PRÉSIDENT.

Le Secrétaire donne lecture du procès-verbal de la séance du 8 mai 1868, qui est adopté.

M. Boulangé, admis à la dernière séance, a adressé à M. le Président une lettre de remercîments pour la Société, à l'occasion de son admission comme membre titulaire.

Admission d'un membre.

M. Julien Cordier, avocat à la Cour impériale de Nancy,

11

est admis par la Société au nombre de ses membres titulaires.

Ouvrages offerts à la Société.

Notice historique et statistique sur la commune de Saulx-en-Barrois, par M. le comte DE WIDRANGES.

Revue des Sociétés savantes des départements, publiée sous les auspices du ministre de l'instruction publique, 4e série, tome VII, janvier 1868.

Mémoires lus à la Sorbonne, dans les séances extraordinaires du Comité impérial des travaux historiques et des Sociétés savantes, tenues les 23, 24, 25 et 26 septembre 1867. ARCHÉOLOGIE. 1868.

Mémoires de la Société des Antiquaires de l'Ouest, tome XXXI, année 1866.

Mémoires de l'Académie du Gard, novembre 1865, — août 1866.

M. Wiener, secrétaire-adjoint, dépose sur le bureau le tome XIII du *Recueil de documents sur l'histoire de Lorraine*, publié par la Société.

Lectures.

M. Geny donne lecture d'un mémoire de M. H. Lepage, intitulé : *Les Caveaux de Bon-Secours*, qui sera publié dans un des prochains numéros du *Journal de la Société*.

MÉMOIRES.

INSCRIPTIONS LAPIDAIRES DANS QUELQUES LOCALITÉS DES VALLÉES DE LA SEILLE ET DE LA SARRE.

II[1]

MARSAL. Dans le cimetière :

CI GIT LE CORPS DE
DEVDONE GRINON
MARCHAL DE LA SALINE
DE MARSAL QUI DECE
DA LE AVRIL 1614[a].

La saline de MARSAL, l'une des plus anciennes de France, fut supprimée au commencement du XVIIIe siècle. Elle était située, d'après le plan de la Sauvagère, dans les prés à gauche de la route de Dieuze à Vic.

VIC-SUR-SEILLE. Cette petite ville épiscopale a conservé dans ses édifices religieux bon nombre d'inscriptions. Elles méritent d'être réunies et envoyées à la Société d'Archéologie[2]; en voici quelques-unes, empruntées à une de ses maisons particulières. Sous une statue de la Vierge, au-dessus d'une porte :

TU NOS AB HOSTE
PROTEGE ET HORA
MORTIS SVSCIPE.
Amen. 1679.

1. V. la 1re partie dans ce *Journal*, année 1867, p. 62.

2. Les pierres tombales de l'église paroissiale de Vic-sur-Seille, par M. L. Benoit, dans le *Journal de la Société*, 1865, p. 198, et 1859, p. 174. — *Statistique de la Meurthe*, par M. H. Lepage.

Sur une autre :

SAINTE MARIE MERE DE DIEV,
SOYEZ LA SAUVEGARDE DE CE LIEV.

La même invocation se trouve à Bourdonnay, avec la date de 1726.

Au-dessus de la grande porte d'entrée de l'église paroissiale :

LE PEVPLE FRANCAIS RECONNOIT L'ETRE SUPRÊME
ET L'IMMORTALITE DE L'AME.

Sous le cadran de l'ancienne église des Carmes (aujourd'hui palais de justice et prison) :

AFFLICTIS LENTÆ, CELERES GAVDENTIBVS HORÆ.

Enfin mentionnons l'enseigne : AU GRAND SAINT CHRISTOPHE. Dans la cour de cette auberge, on voit ce saint représenté d'une manière colossale, habillé selon la mode du XVIIe siècle, et portant le divin Enfant. But d'un pèlerinage assez fréquenté par les Lorrains allemands, cette figure en bois est l'un des rares spécimens existant dans le pays, d'une sculpture très-fréquente dans les cathédrales au moyen âge, et qui fut l'objet, au XVIIIe siècle, de nombreuses dissertations. Un saint Antoine de Padoue, statue en bois, plus grande que nature, est à ses côtés. Au-dessus d'eux, un évêque de l'ordre des Capucins, peint à l'huile. La légende du tableau indique que c'est R. P. EMERIC. CAP. EVEQUE DE VIENNE, Pr MINISTRE DE L'EMPEREUR LEOPOLD. Le tout est adossé contre le mur de l'ancienne église des Cordeliers, convertie aujourd'hui en écurie. On sait qu'il y avait dans les temps, à Vic, un prieuré dédié à saint Christophe. Tout porte à croire qu'une maison religieuse de la ville hérita de la statue lors de la suppression de ce couvent[1].

DORDHAL, commune de Lidrezing. Ferme très-considérable, avec des bâtiments remarquables par leur belle architecture du XVIIe siècle. La chapelle, qui a conservé son clocheton et sa tribune, sert de grange. Au-dessus de la porte :

ÆDIFICATA, 1592.
FVNDATA, 1593.
ET ORNATA ANNO 1753 A
DNO DE FERIET.

DONNELAY. La route de poste y passait anciennement. Pour aller de Strasbourg à Metz, on quittait le chemin actuel à Maizières et on gagnait Marsal et Vic en passant près de Marimont, au-dessus de Bru, à Donnelay, près de Juvelize et aux Trois-Croix[2]. (V. la carte de Cassini.) Ce fut la route suivie par la fille du roi Stanislas allant épouser le jeune Louis XV. Elle dut s'arrêter à Donnelay, où il y avait un relai. Un souvenir de son passage existe. Les autels latéraux[3], en bois sculpté, sont surmontés de fleurs de lys ; sur l'un d'eux on lit :

EX DONO
REGINÆ.
1725.

1. Dans la Basse-Ville, l'enseigne d'un cabaret : *Au Suisse*. (On le voit en tricorne, habit rouge, revers blanc.) Souvenir des troupes suisses en garnison en France avant la Révolution, et du régiment de Château-Vieux, qui vint à Vic après l'affaire de Nancy (1790).

2. Les Trois-Croix datent du siècle dernier. Elles ont été réparées après le concordat.

3. Sous le vocable de la Vierge et de saint Nicolas.

GUERMANGE. L'église de ce petit village possède une chapelle castrale, placée aujourd'hui sous le vocable de saint Louis de Gonzague. Près de la porte d'entrée et au-dessous d'une fenêtre du style du xve siècle, à trois meneaux et décorée de vitraux (Dieu le père présentant son fils crucifié, la Vierge tenant l'Enfant). Il y a contre le mur une longue inscription en allemand[1], dont voici la traduction :

« L'an 1543 après la naissance du Seigneur, le noble et vaillant Jean de Guermange, chevalier, seigneur de ce lieu, ainsi que de Marimont et Arraye, co-seigneur de Bioncourt et capitaine de Prény, a récupéré le village de Guermange avec haute et basse justice, tel qu'il appartenait jadis à très-haut prince le duc Antoine, y compris les forêts. L'année suivante, 44, il a fait construire un nouveau moulin et a racheté le château avec toutes ses dépendances, il l'a restauré cette même année et y a fait construire cinq tours. Et en l'année 50, jouissant de toutes ses facultés, raison et intelligence, il a fait son testament, dans lequel on a trouvé qu'après sa mort il a fondé et légué, pour la construction d'une nouvelle chapelle, 300 florins, avec charge de chanter ou lire chaque vendredi la passion de Notre-Seigneur ; à cette fin, le chapelain doit avoir 300 florins de rente et pension. De plus, tous les quatre-temps, on doit prendre sur le moulin une quarte de blé, la moudre et la cuire pour les pauvres, afin qu'ils prient Dieu d'avoir pitié de son âme. Et afin que ses ancêtres et héritiers aient, eux aussi, part aux prières de l'Eglise, il a légué encore 50 florins pour

1. V. Répertoire archéologique de l'arrondissement de Sarrebourg, par M. L. Benoit, p. 38. (*Mémoires de la Société*, 1862.)

chanter les vigiles tous les quatre-temps. Que Dieu veuille que tous ceux qu'il laisse après lui n'oublient jamais ses volontés et n'y portent pas obstacle.

» Que ceux qui l'aiment agissent et fassent d'après la fondation et le testament. »

La terre de Bioncourt était venue aux sieurs de Guermange par mariage, ainsi que d'autres villages des environs (Arraye, Létricourt, etc.).

Le capitaine Hans de Guermange, à l'enterrement du duc Antoine, portait le guidon de la maison à dextre (16 août 1546). A l'enterrement du duc François, messire Jean de Guermange, chevalier, seigneur de Bioncourt, maître d'hôtel officiant, tenait son bâton renversé. Une missive de l'empereur Charles-Quint ordonne aux détenteurs des biens de l'abbaye de Saint-Vincent de Metz de les restituer de suite, ou, sans cela, des poursuites seront faites contre eux par devant la Chambre impériale de Spire (du 25 juin 1549). Cette lettre s'adressait aux sieurs de Bassompierre, de Florainville et de Guermange.

En 1551, Hans de Guermange fait ses foi et hommage à Vic, à l'évêque de Metz, pour le fort, le ban et le finage de Villers près de Saint-Quirin, en toute seigneurie moyenne et basse et la rivière appelée la Petite et la Rouge-Sarre.

Le 22 mars 1543, le bon duc Antoine avait vendu la seigneurie de Guermange au capitaine de Prény Hans. Elle lui avait été échue par le retrait de la famille de Doppestein ou Falkenstein, dite de Muntzenheymer.

En 1540, Jeannette de Guermange épousa Martin de Custine, sieur de Villy, par elle la terre de Guermange vint à la famille de Custine, qui en jouit jusqu'à la Révolution.

Le 2 mars 1561, Martin, comme tuteur de ses enfants, fit une transaction avec le comte de Vaudémont[1].

Le général de Custine avait cédé cette terre à son fils, mais néanmoins il en percevait les revenus. Le 25 ventôse an X, on vendit les biens du père pour payer les dettes énormes qu'il avait contractées. Le domaine de Guermange subit le sort commun. C'était le 10e lot, et il fut vendu pour 506,000 livres à J.-B. Catoire, régisseur des salines de Moyenvic. Il y avait un vieux château, flanqué de quatre tours, avec un premier étage, caves et greniers, entouré d'un fossé sec et profond, et en mauvais état, au milieu d'un verger (estimé 1,600 livres). La maison de maître était au sud du vieux château, elle n'avait qu'un étage, jardins potagers clos de murs. Dans la vente furent comprises les rentes foncières de : 1° sept sols, six deniers, dus par la communauté de Guermange, par chaque vache laitière, pour droit de vaine pâture dans les forêts, aux termes d'une transaction de 1550 ; en l'an X, le produit était estimé 30 livres; 2° 13 francs 28 centimes (46 livres barrois) dus par les habitants ayant une charrue, pour la vaine pâture des chevaux de trait; 3° sept chapons dus annuellement, par contrats du 28 août 1742 et du 28 août 1705. En outre, il y avait une maison de garde de chasse (sept cantons de forêts contenaient 3,032 arpents). Une brasserie et à côté le moulin, plus six fermes[2].

1. V. *Communes de la Meurthe*, art. *Aulnois*.

2. Affiche imprimée (Archives communales de Dolving). Les Archives départementales ont un dessin du château de Guermange avec ses tours, le moulin et l'église.

On doit remarquer que l'inscription de Hans de Guermange est en allemand. On voit encore encastré dans le verre blanc de la fenêtre quelques lettres écrites dans l'idiome germanique... *Pvr...Pich...*, ce qui permet de faire supposer que la famille de Guermange était d'extraction teutonique. Enfin, à l'entrée de la chapelle, on a transporté, pour servir de marches, des pierres tombales, sur lesquelles on distingue des caractères du même idiome. Il est presque impossible maintenant de les déchiffrer.

Extérieurement, contre le mur du chœur :

CETTE PIERRE DE CETTE E
GLISE A ETE BENITE PAR M^e^
M. BELION CVRE DE CE LIEV
ET POSEE PAR MESSIEVRS
ANCEL ET JEANJEAN AD
MODIATEVRS DE GVERMANGE
EN L'AN 1729.

C'est la date de la reconstruction de l'église après les grandes guerres du XVIIe siècle. Au-dessus, on voit un blason taillé à la manière allemande et qui doit remonter à la fondation de Hans de Guermange : c'est une clé, emblème de saint Pierre, patron spirituel de l'église et du village de Guermange[1].

ARTHUR BENOIT.

1. Le père du général de Custine avait fait toucher par ses agents les amendes obtenues pour dégradations dans les forêts du domaine, ainsi que celles qui résultaient du pâturage des bestiaux dans la partie de l'étang de Lindre, comprise dans le ban de Guermange, lorsqu'elle était ensemencée par les fermiers du domaine et dépouillée de ses grains. Il s'était adjugé ainsi un droit de juridiction,

NOTE SUR LA CHAPELLE DE NOTRE-DAME-DU-REFUGE, BAN DE TOUL.

On trouve aux archives de Toul une pièce écrite en 1611, ainsi conçue :

« Extraist de l'épitaphe qui se retrouve présentement » en l'oratoire ruynée, en la montagne de Saint-Michel, » ban de Toul, ledit oratoire Nostre Dame de Reucluse, » lequel épitaphe est icy rapporté de mot à mot comme » s'ensuyt :

» Dessoubz ceste pierre ronde gist honnorable homme » Pierre Apoullot jadis citain de Toul, lequel eut espousé » une femme notable nommée Catherine de laquelle il » eut plusieurs enfans entre aultres eut une fille appellée » Jeanne, a laquelle fille quand elle fut aagée d'un an et » demy ou environ advint une maladie bien cruelle car » elle avoit sur les deux bras en chacun deux apostumes, » et ne sçavoit-on d'ou cela pouvoit procéder. Un jour » ladicte Catherine sa mère pensant à ce quelle avoit ouy » parler qu'il y avoit une chapelle aupres de Treves qu'on » appelloit Nostre Dame de Reucluse en laquelle se fai- » soient plusieurs miracles. Icelle Catherine promit le » voyage a la dicte chapelle, et qu'elle y feroit aller le dit » Pierre son marit. Incontinent ce promis les dictes apos- » tumes de la dicte fille s'ouvrirent, purgèrent en telle » sorte qu'elle fut guarie le lendemain, sans ce qu'il de- » meurast apparence de maladie. Quand ycelluy Pierre

qu'un arrêt de la Chambre des Comptes de Lorraine, du 11 juillet 1764, lui défendit d'exercer dorénavant ; le roi entendant conserver la haute, moyenne et basse justice sur ses domaines, et le comte de Custine n'étant que cessionnaire de la terre de Guermange, par ses auteurs, le souverain, le 22 mars, 1542, s'était réservé les bois assis dans le ban et l'étang de Lindre, en cédant la terre.

» revint en son hostel, trouva sa fille guarie, sa dicte » femme luy racomta en la forme qu'elle avoit promis le » voyage, lequel fut fort joyeux, rendant graces a Dieu » et a la dicte Vierge. Un peu apres le dict Pierre sen alla » visiter la dicte Dame de Reucluse aupres de Treves et » en retournant du dict voyage por grande devotion pro- » mit à la vierge Marie qu'il feroit faire un petit oratoire » au nom de l'autel Nostre Dame et y employroit de ses » biens : et quand il fut retourné commença de chercher » un lieu propre pour faire la dicte chapelle et oratoire. » Le dict Pierre en allant par un dimanche a St.-Jean de » froide terre, comme ravi et inspiré de Dieu et de la » vierge Marie achepta le lieu présent, en mettant un » cercle de pierres pour la grandeur dudict oratoire : con- » tinuant l'accomplissement de sa dévotion, a son humble » prière les gouverneurs et justice de la cité de Toul libe- » rallement lui accordèrent d'ouvrer audict lieu qui fut en » l'an mil quatre cent soixante et douze et continua d'ou- » vrer jusques a l'heure de son trespas lequel rendit » l'ame a Dieu et a sa doulce mère le neufième jour du » mois d'aoust en l'an mil quatre centz quatre-vingt et » dix sept et depuis Pierrot Apoulat, Nicollement, et Jac- » quot freres et enfans dudict feu Pierre citains de Toul » ont tous jours gouverné ladicte chapelle tant du leur » comme des aulmosnes des bonnes gens, a laquelle soit » grands pardons a tous les bienfaicteurs d'ycelle, vous » plaise prier pour lesdictz erecteurs et conducteurs et » pour tous les trépassez. »

« Le présent extraict faict par le notaire apostolicque » souscript le septième juin mil six centz et onze, en foy » de quoy il a soubsigné de son signet apostolicque les an » et jour que dessus. »

« Gerardus Vinot », avec parafe.

Cette pièce intéressante se rapporte, comme on le voit, à la chapelle désignée aujourd'hui, mais improprement, sous le nom de *Notre-Dame-du-Refufe;* car c'est sous le vocable de *Notre-Dame-de-Recluse* qu'elle a été fondée en 1472. Elle existe encore et se trouve assez bas, sur le penchant septentrional de la côte Saint-Michel, en tirant sur la route de Verdun.

E. OLRY.

UNE RELIQUE DE STANISLAS.

M. Louis Benoit, bibliothécaire en chef de la ville de Nancy, a bien voulu me communiquer un objet assez intéressant, découvert par lui parmi les médailles de la Bibliothèque. C'est un os de 20 centimètres de longueur et brisé à l'une de ses extrémités. Il a cette couleur brune que prennent les ossements des corps embaumés; il est enveloppé dans un papier jauni par le temps, et sur lequel se lit l'inscription suivante, que je reproduis ici avec les fautes d'orthographe qui s'y trouvent :

« Os de la cuisse de Stanislas Lecsinski, roy de Polo-
» gne, lorsqu'on a retiré son corps de la terre et de la
» bouë en 1805 — où les révolutionnoires l'avaient *jetté*
» sous les bâtiments de *bonsecours.* »

Cette relique de Stanislas est-elle authentique? Rien ne le prouve, elle était enveloppée seulement dans deux papiers non cachetés. Comment est-elle à la Bibliothèque et par qui y a-t-elle été mise? Nul ne le sait probablement. Voici cependant l'hypothèse que l'on peut faire à ce sujet :

Lorsqu'en 1805, l'administration municipale fit ouvrir le caveau où gisaient sans cercueil les restes de Stanislas, afin de mettre un terme à la profanation du tombeau de ce prince bienfaisant, on apposa les scellés et on en confia la garde à des gardiens spéciaux, et même à des soldats; il est possible, cependant, qu'une des personnes commises à la garde des restes de Stanislas ait, par une pensée, louable du reste, et malgré la grande surveillance qu'on exerçait, soustrait un des os du prince, afin de conserver un souvenir de celui qui a embelli notre ville de monuments remarquables, et l'a gratifiée de pieuses fondations et d'établissements de bienfaisance; que cette personne, ne voulant pas qu'après sa mort cette relique tombât dans des mains profanes, et ne voulant pas avouer la soustraction qu'elle avait commise, il est possible, dis-je, qu'elle l'ait secrètement fait déposer à la Bibliothèque, espérant la garantir, par ce moyen, de la destruction et d'une nouvelle profanation.

L'inscription du papier qui entoure cet ossement porte par erreur : « Os de la cuisse ». Cet os est non pas un *fémur* comme on semble le dire, mais bien un *péroné*, ce qui est bien différent; il a dû appartenir à un individu d'une taille peu élevée; or, on sait que Stanislas, gros et obèse, n'était pas d'une haute stature. Il ne serait donc pas impossible que ce péroné fût celui de Stanislas.

Il serait à désirer que le comité du Musée Lorrain demandât et obtînt la remise de cette relique, afin de la placer au Musée, et la tirer par là de l'oubli où elle se trouve depuis de si longues années.

Si plus tard l'occasion se trouve d'ouvrir le cercueil de Stanislas, on pourra, ou y réintégrer ladite relique, ou la comparer avec les autres ossements, de façon à pouvoir acquérir la certitude qu'elle est bien un reste du Bienfaisant Stanislas et prendre des mesures pour la revêtir d'un cachet d'authenticité qui la mette à jamais à l'abri de la destruction.

LÉOPOLD QUINTARD.

DONS FAITS AU MUSÉE LORRAIN.

Des dons ont été faits au Musée par les personnes dont les noms suivent :

M. Paul PARIS, élève du lycée de Nancy : 1° une pièce en argent à l'effigie de Charles-Quint, frappée à Besançon en 1590 (type immobilisé) ; 2° une monnaie en bronze du duc de Lorraine Henri II, trouvées à Void.

— M. FLORENTIN, receveur des hospices de Bar-le-Duc : quatre monnaies gauloises (3 séquanaises et 1 éduenne) trouvées à Laneuveville-au-Roy (Haute-Marne).

— M. Constant TERREL, de Saint-Germain, canton de Bayon : un Charles-Quint en argent, frappé à Besançon, découvert en travaillant dans une vigne.

— M. ETIENNE, gendarme à Dieuze : une médaille à l'effigie de saint Benoît, trouvée à Languimberg dans les fondations d'une ancienne maison. Elle porte au droit l'effigie du saint ; au revers, les initiales : IHS. V. R. S. (*vade retrò satanas*), etc.

— M. Raoul GUÉRIN : 1° deux clefs trouvées sur l'emplacement de la station lacustre du Noirval, et provenant probablement de l'ancien village de Saint-Barthélemy, vallée des étangs de Champigneules ; quelques fragments d'objets antiques découverts à Sion.

— M. OLRY, instituteur à Allain : des monnaies et jetons de diverses époques.

— M. Morey, architecte de la ville de Nancy : un Léopold en argent ; un jeton à l'effigie de ce prince et un autre de Claude de France, duchesse de Lorraine.

— M. l'abbé Picard, chanoine prébendé de la cathédrale : les armoiries du comté de Bouzey peintes sur le fragment d'une feuille de parchemin qui devait contenir les lettres patentes d'érection de Dombrot en comté sous le nom de Bouzey.

— M. Tulpain, substitut du procureur impérial : un placard imprimé chez Antoine Charlot en 1644, contenant la déclaration du roi, du 25 avril 1643, sur le cours des monnaies dans les duchés de Lorraine et de Bar.

BIBLIOGRAPHIE LORRAINE[1].

La Juridiction consulaire de Lorraine et Barrois et la confrérie des marchands de Nancy, par M. Henri Lepage. — Nancy, imp. de A. Lepage (1868), in-8° de 2 feuilles 3/4 et une planche. (Extrait des *Mémoires de la Société d'Archéologie*.)

Notes sur quelques chansons populaires du Pays-Messin, par M. le comte de Puymaigre... (Extrait de la *Revue de l'Est*...). — Metz, Rousseau-Pallez, 1868, in-8° de 3 feuilles.

Réflexions sur les projets de prolongement des chemins de fer d'intérêt local dans le département de la Meurthe, par M. Ch. Debuisson... — Nancy, typ. A. Lepage, 1868, in-8° de 2 feuilles.

Des maladies sporadiques, endémiques, et de l'état sanitaire de l'arrondissement de Toul pendant la dernière période quinquennale (1862-1866), par le Dr Emile Bancel. — Toul, A. Bastien, 1868, in-8° de 3 feuilles.

Les tombelles antéhistoriques de la côte de Malzéville (1re série), par Raoul Guérin... — Nancy, imp. de A. Lepage, 1868, in-8° d'une feuille et une planche. (Extrait du *Journal de la Société d'Archéologie*.)

1. Notes communiquées par MM. Schmit et Arthur Benoit.

Etude historique et critique sur le musée de peinture de la ville de Metz, par Emile Michel... Lecture faite, le 19 mars 1868, à l'Académie impériale de Metz. — Metz. imp. de F. Blanc, 1868, in-8° de 3 feuilles 1/4.

Educations de vers à soie de races diverses faites à Metz en 1866 et en 1867. Note lue à la Société d'histoire naturelle de la Moselle, par M. E. de Saulcy...) — Metz, J. Verronnais, 1868, in-8° de 4 feuilles.

Journal de Jean Bauchez, greffier de Plappeville au dix-septième siècle. Publié pour la première fois d'après le manuscrit original, aux frais et sous les auspices de la Société d'histoire et d'archéologie du département de la Moselle, par MM. Ch. Abel et E. de Bouteiller... 1551-1651. — Metz, Rousseau-Pallez, 1868, in-8° de xxiij-546 pages.

Une relique bibliographique de l'abbaye de Salival, conservée à la Bibliothèque impériale, par M. J.-A. Schmit. — Nancy, imp. de A. Lepage, 1868, in-8° d'une demi-feuille. (Extrait du *Journal de la Société d'Archéologie*.)

M. David, commandeur de la Légion d'honneur, ancien conseiller d'Etat. Sa vie et ses œuvres. (Signé : Alfred Puton.) — Remiremont, imp. de Mougin, 1868, in-8° d'une feuille 1/4. (Charles-Marie-David, né à Remiremont le 4 mai 1780, mort à Paris le 22 janvier 1868. — Extrait de l'*Echo des Vosges*.)

Die chemalige Herrschaft Burscheid. Ein Beitrag zur Geschichte des Westreichs dargestellt von Dag. Fischer. (Auszug aus dem « Samstagsblatt ».) — Strasburg, J.-H.-Eduard Heitz, 1868. Broch. in-8°, 18 p. p.

Eloge funèbre de Madame la Maréchale Oudinot, duchesse de Reggio, présidente de l'archiconfrérie des Mères chrétiennes de Bar-le-Duc, par M. l'abbé Tripier, curé-archiprêtre de Notre-Dame. — A Vitry-le-François, chez F.-V. Bitsch, imp.-lib.

Pour la commission de rédaction : le Président, Henri Lepage.

Nancy, imp. de A. LEPAGE, Grande-Rue (Ville-Vieille), 14.

30

JOURNAL

DE LA

SOCIÉTÉ D'ARCHÉOLOGIE

ET DU

COMITÉ DU MUSÉE LORRAIN.

17e ANNÉE. — 8e NUMÉRO. — AOUT 1868.

SOCIÉTÉ D'ARCHÉOLOGIE.

TRAVAUX DE LA SOCIÉTÉ.

Séance du 10 juillet.

PRÉSIDENCE DE M. HENRI LEPAGE, PRÉSIDENT.

Le procès-verbal de la séance du 12 juin 1868 est lu et adopté.

Présentation de candidats.

Sont présentés comme candidats : M. l'abbé Burtin, secrétaire de l'évêché de Nancy, par MM. les abbés Picard, Guillaume et Lorrain ; MM. Albert Noël, de Nancy, et Léon Parisot, avocat à la Cour impériale de Nancy, par MM. Quintard, Henri Lepage et Laprevote.

M. Morey, architecte de la ville de Nancy, rappelle à la Société qu'il existait autrefois sur l'entablement qui entoure l'église de Bon-Secours une magnifique grille, un des chefs-d'œuvre de Jean Lamour, laquelle aurait, dit-on, été volée pendant la Révolution, sans qu'il ait jamais été possible de savoir ce qu'elle est devenue depuis. M. Morey ajoute qu'il serait fort intéressant de s'assurer si elle existe encore, ce qui permettrait de la faire copier ou de l'acquérir, et de remettre ainsi l'église de Bon-Secours dans l'état où elle se trouvait sous Stanislas.

Sur la proposition de M. Morey, la Société, désirant faciliter les recherches faites à ce sujet par cet honorable membre, décide l'insertion de cette communication dans le prochain numéro de son Journal, et invite ceux de ses membres qui pourraient avoir quelques renseignements sur tout ou partie de cette grille, à vouloir bien les lui communiquer.

M. Bretagne demande la parole et dit qu'il existe au Musée de Bar-le-Duc plusieurs portraits d'un faire très-artistique, représentant des personnages de la famille ducale de Lorraine ; l'un des plus remarquables est celui du duc Antoine, en buste et en costume civil. L'hôpital de Joinville possède aussi deux portraits en émail, du commencement du XVIe siècle, d'un duc et d'une duchesse de Guise, peints par le célèbre Léonard Limousin.

Il serait d'un haut intérêt, ajoute M. Bretagne, d'enrichir le Musée lorrain de bonnes copies de ces peintures, et la Société possède maintenant assez de ressources pour les faire exécuter ; mais il serait indispensable de n'en charger qu'un artiste capable de bien comprendre et de bien saisir les maîtres qu'il s'agit de copier.

La Société s'empresse d'adhérer à ce vœu, et M. le

Président se charge d'écrire à M. le maire de Bar-le-Duc pour obtenir que les portraits du Musée de cette ville lui soient confiés, ou bien il s'assurera si l'on peut trouver à Bar-le-Duc un peintre capable de bien faire ces copies.

M. Boiselle dit, de son côté, qu'il est proche parent d'un membre de la commission administrative de l'hospice de Joinville, et qu'il pense que l'on pourrait obtenir la communication des deux portraits de la famille de Guise qui se trouvent dans cet établissement.

Ouvrages offerts à la Société.

Renseignements sur quelques peintres et graveurs des XVIIe et XVIIIe siècles. Israël Silvestre et ses descendants, par E. DE SILVESTRE. Paris, 1868.

Notice sur Madame de Vassimont, prieure de Saint-Nicolas-de-Port, par M. l'abbé GUILLAUME.

Essai sur la biographie de M. de Clévy, par un membre du clergé de Nancy.

L'âge de pierre en Lorraine, par D.-A. GODRON. Nancy, 1868.

Recherches sur les animaux sauvages qui habitaient autrefois la chaîne des Vosges, par D.-A. GODRON. Nancy, 1866.

Les fêtes religieuses du château de Moreuil (7 et 9 juin 1868), par l'abbé J. CORBLET.

Mémoire historique sur les institutions de France à Rome, puisé dans leurs archives et autres documents, la plupart inédits, par Monsignor PIERRE LACROIX, protonotaire apostolique.

Etudes historiques sur l'esprit militaire et l'éducation nationale des premiers empires, par FRANÇOIS JACQUOT, professeur à Metz. Metz, 1868.

L'Institut, journal universel des Sciences et des Sociétés savantes en France et à l'étranger, 11e section : sciences historiques, archéologiques et philosophiques.

Revue des Sociétés savantes des départements, publiée sous les auspices du Ministre de l'Instruction publique, 4e série, tome VII, février–mars 1868.

Bulletins de la Société des Antiquaires de l'Ouest, premier trimestre de 1868.

Bulletin de la Société des Sciences historiques et naturelles de l'Yonne, année 1867, 21e volume, 1er de la 2e série, 3e et 4e trimestres.

Annuaire de la Société philotechnique, année 1867, tome XXIXe.

Annales de la Société archéologique de Namur. tome Xe, 1re livraison, 1868.

Envoi du Ministère d'Etat.

Marques typographiques, ou Recueil des monogrammes, chiffres, enseignes, emblèmes, devises, rébus, etc., par M. L.-C. Silvestre, 16e livraison.

Revue universelle des Arts, publiée par Paul Lacroix (bibliophile Jacob) et M. C. Marsuzi de Aguirre, tome XXIIIe, 15e année, avril à juin 1866.

L'Orient, par Eugène Flandin, 32e et 33e livraisons. Paris.

Lectures.

M. Quintard lit une note sur une *relique de Stanislas qui se trouve à la bibliothèque publique de Nancy*. Cette note sera insérée dans le *Journal de la Société*.

M. Arthur Benoit donne lecture de quelques recherches sur des *Inscriptions lapidaires dans quelques localités des vallées de la Seille et de la Sarre,* ainsi que d'une *notice sur Philippe Egenolff de Lutzelbourg.* Ces deux documents seront publiés : le premier dans un des numéros du Journal, et le second dans le prochain volume des *Mémoires de la Société.*

MÉMOIRES.

INSCRIPTIONS LAPIDAIRES DANS QUELQUES LOCALITÉS DES VALLÉES DE LA SEILLE ET DE LA SARRE.

III[1].

BOURDONNAY. En entrant à l'église :

Terribile locus iste est. 1712.

BÉNESTROFF. Sur la clef de voûte du clocher :

1727. Autour : DOMINVS PETRVS HUBERTVS
GOBERT, PASTOR ET SOLVS DECIMATOR.

Cette orgueilleuse qualification de seul décimateur était peut-être le souvenir de quelques procès gagnés contre le patron de la cure, l'abbé de Salival ; en tous cas, le *Pouillé manuscrit de l'évêché de Metz* donne à l'abbé les deux tiers des dîmes, et l'autre tiers au curé. Le Parlement de Metz avait accordé à l'abbé le droit d'y nommer en tout temps. L'Evêque Adhémar avait uni cette cure à Salival par lettres de la 5e férie *post S. Johan. Bap.* 1332. Bourgaltroff, aujourd'hui, siége d'une cure rurale, était annexe de Bénestroff; le curé y résidait, par permission, parce que le lieu était plus considérable. Cependant

1. V. le dernier numéro du *Journal*, p. 131.

il devait faire, à certains jours, les offices à la mère-église. Son revenu montait à 1200 livres. Il y avait 10 familles juives à Bourgaltroff.

VIRMING. Sur la porte : 1727.

Dominus autem in templo sancto siteat.
A face ejus omnis terra habeat.

Le curé avait un tiers des dîmes ; le hameau d'Obreck, était annexe.

IV.

SAINT-QUIRIN. Sur le portail de l'église :

ANNO 1722 TEMPLVM HOC CVM TVRRIBVS FECIT D. EDMVNDVS HERB CAPITVLARIS MAVRIMONASTERII ET HVJVS LOCI PRIOR SVMPTB[ib]VS PRIORATVS. SVB. R. D. ANSELMO DICTI MONASTERII ABBATE ET HVJVS LOCI DOMINO.

Sous la statue du saint :

SANCTE QVIRINE
17. ORA PRO NOBIS. 22.

Cette inscription rappelle la lutte passionnée qui eut lieu, au commencement du dix-huitième siècle, dans l'abbaye de Marmoutier, en Alsace, à la mort de l'abbé Grégoire Vogel. Les moines étaient divisés en deux camps, les uns voulant élirent un religieux indépendant, les autres un sympathique au gouvernement français représenté à l'élection par un commissaire du roi, qui était M. Blouet de Camilly, vicaire général du diocèse.[1] Le père Anselme Moser paraît avoir été, dès les premiers moments, son

1. Depuis évêque de Toul et ensuite archevêque de Tours.

candidat ; ce qui n'empêcha pas les bénédictins d'élire, dès le 12 août 1702, Edmond Herb, en y joignant une protestation contre tout autre candidat qui pourrait leur être imposé. Immédiatement M. de Camilly somma les religieux de procéder à une élection nouvelle, et une résistance régulière s'étant organisée, des lettres de cachet furent lancées contre le père Herb et contre son principal adhérent, le père Ildefonse[1] ; le premier reçut l'ordre de se constituer prisonnier dans l'abbaye d'Ebreuil (diocèse de Clermont), le second dans celle de Corneilles (d. de Lisieux). Les archives et les biens de l'abbaye furent mis sous le séquestre. Les moines, cependant, cachèrent de fortes sommes dans le tronc d'un chêne au fond des bois.

Le 23 juin 1702 fut un jour de deuil pour l'abbaye ; des commissaires du roi firent le relevé des archives et des fonds de la communauté. Le père Ildefonse subit un interrogatoire qui se termina par un ordre d'exil dans le prieuré de Bescachard, à sept lieues de Rouen. Le nom du père Anselme, protégé du grand vicaire, sortit de l'urne (16 novembre 1702), et, le 30 juillet suivant, Armand-Gaston de Rohan Soubise oignit de l'huile sainte le front du nouvel élu. La cérémonie se fit à Sainte-Etienne de Strasbourg. Le surlendemain, Dom Anselme prit possession de l'abbaye. On n'eut aucun égard aux protestations d'Edmond Herb, mais on lui permit (le 13 mai 1704) de quitter son lieu d'exil, en Auvergne, et de rentrer dans l'abbaye même où il avait essayé de défendre les droits du chapitre. Son opposition n'était plus à craindre ; il s'était si bien fait à sa position inférieure que,

1. M. Louis Spach, *L'abbaye de Marmoutiers et le couvent de Sindelsberg*. (Bulletin de la Société pour la conservation des monuments historiques d'Alsace, 1861. p. 143.)

trente ans plus tard (15 février 1734), après la mort de Dom Anselme, son obéissance fut récompensée par la dignité abbatiale ; mais il ne toucha au but que lorsqu'il était déjà glacé par l'âge ; il mourut en 1742. Dom Placide Schweighaeuser lui succéda.

L'évêque de Metz Laurent, en 1274, avait, du consentement des religieux, uni le prieuré à l'abbaye de Marmoutier. L'abbé nommait en tout temps à la cure un de ses moines, qui était alors prieur curé. En 1750, il y avait 600 communiants. La cure rapportait 600 livres ; il y avait dans l'église quatre chapelles. Le 20 novembre 1769, le prieuré de Saint-Quirin entra dans une phase nouvelle ; il fut réuni à l'église abbatiale et collégiale de Saint-Louis de Metz par décret épiscopal confirmé par le roi. L'abbé de Marmoutier protesta en vain. Faiblement soutenu par l'évêque de Strasbourg, il dut renoncer à la lutte. La révolution, du reste, approchait, et la spoliation royale allait être vengée. La nation française s'adjugea tous les biens ecclésiastiques. Dom Anselme Marchal était alors abbé de Marmoutier.

M. Limon, maire et notaire à Lixheim, conserve le sceau en cuivre d'un tabellion de Saint-Quirin : *Sigil. contractum, præpositurœ S. Qvirini*, 1730. ×. Diamètre, 22 centimètres.

Le saint est représenté armé de toutes pièces, tenant d'une main l'étendard, dont la flamme a 9 besans, de l'autre son bouclier, chargé de même.

Dans les papiers de feu le président Collignon de Sarrebourg, j'ai trouvé une nomination de procureur à la seigneurie de Saint-Quirin. Voici l'entête des provisions : « Nous Messire Antoine Zœpfel, de l'ordre de Saint-Benoît, prieur de Saint-Quirin, bailliage de Vic, du parlement de Metz, reconnaissant qu'il est de l'intérêt public, suivant les édits et déclarations du roi et les ordonnances de nos seigneurs du parlement, d'établir pour l'exercice de la justice dans notre terre et seigneurie de Saint-Quirin un certain nombre de procureurs capables et en état d'y postuler ; à ces considérations et sur le bon et louable rapport du caractère, vie, mœurs, religion, sens, suffisance, capacité et expérience de la personne de Me Martin Collignon, procureur résidant à Lorquin et garde marteau des grueries de Mgr le prince de Beauvau dans ses baronnies. Avons permis comme par ces présentes nous permettons et accordons audit la liberté de pouvoir postuler et faire lesdites fonctions de procureur dans notre dite seigneurie et dépendances et jusqu'à notre bon plaisir et à charge de prêter le serment requis, faire registrer les présentes ainsi qu'à se conformer à tous les arrêts...

» Fait et donné en notredit prieuré de Saint-Quirin, soubs le cachet de nos armes, le 17 décembre 1765. Signé : *D. Antoine Zœpfel prieur de Saint Quirin.* »

Le cachet est en cire verte ; il représente les armes du prieuré : neuf besans posés trois par trois, accolés au blason du prieur : de... à trois socs de charrue de......, le tout surmonté d'une couronne de baron.

LANDANGE. Dans le chœur, la pierre tombale suivante : « Ci gist le corps de vénérable maître Antoine » Léonard, prêtre curé de cette paroisse procureur du » chapitre de Sarrebourg, agé de 73 ans décédé le ... » janvier 1775. Priez Dieu pour son âme. R. Jn. P. »

OBERSTINZEL. Autour de l'*oculus* extérieur ces mots allemands, IN. DEN. IOR. M. CCCC. LX. III. V. II. VNSER... (En l'an 1463 notre...). C'est la date de la construction du chœur. L'église de Stinzel doit remonter à une haute antiquité. Elle est citée dans la charte de Léon IX en faveur de Hesse (1052) : « Ecclesia tota de Steinsilide cum conductu et omni integritate ». Le chapitre de Sarrebourg obtint le droit de nommer à la cure. Dans le chœur on voit les « reliquiæ sanctorum episcoporum metensium cœlestis et auctoris ». C'est encore un souvenir de l'ancienne circonscription ecclésiastique.

Le château de Sarreck dépend de cette commune ; dans les bois voisins, le double C des Custine Ͻ C se trouve sur les bornes, comme sur leurs faïences.

FÉNÉTRANGE. Dans le cimetière catholique, contre le mur de la chapelle de Notre-Dame-de-Pitié, au faubourg, est la croix tombale, fort simple, du dernier prieur régulier de l'abbaye de Haute-Seille. Au-dessous des marques ordinaires du saint ministère est l'inscription suivante :

« Hic jacet Antonius Combette, sacerdos, olim prior » ordinis cisterciensis, obiit die 23 octobris 1830. Re- » quiescat in pace. Amen. » (Agé de près de 85 ans.)

Né à Ornans (Doubs), le 2 février 1747, il entra de bonne heure dans l'ordre de saint Bernard ; vicaire à Hesse, dont la cure était toujours régie par un moine de Haute-Seille, il se fit recevoir bachelier en théologie, puis devint secrétaire général de l'ordre à Morimont, et il fut nommé, encore jeune, prieur de Haute-Seille. Au sac de l'abbaye par les gens de Bieberskirch, Hartzwiller, Tanconville[1] et villages environnants (1789, 1er août), qui avaient été forcés de suivre les meneurs, il parait un instant au balcon du palais abbatial, croyant en imposer.

1. Le maire et le maître d'école de ce lieu eurent bien de la peine à se sauver des mains des Allemands. (V. *Les Communes de la Meurthe,* art. Haute-Seille.)

« Doucement, mes amis, criait-il, on vous fera raison... » ; mais, voyant les insurgés enfoncer la porte à coups de hache et entendant les menaces de mort, il se sauva par une sortie dérobée et alla retrouver ses camarades errants dans les bois. L'orgie commença dans les bâtiments abandonnés ; les tonneaux furent lâchés par une multitude en délire. Mais cela ne dura pas longtemps ; un magistrat fut envoyé pour informer ; il entendit les dépositions.

Les carabiniers de Lunéville furent aussitôt expédiés et occupèrent les villages voisins pour arrêter les mutins. Les moines rentrèrent dans leur maison. A Tanconville, les hommes se réfugièrent pendant près de huit jours dans les épaisses forêts qui entourent cette localité. Les femmes, qui avaient vu le mouvement d'un mauvais œil et qui avaient souffert de la brutalité des Allemands, leur portaient à manger secrètement. On comprend facilement qu'après une épouvante pareille, les religieux ne demandèrent pas à rester dans leur couvent ; dès la suppression des ordres monastiques, les treize cisterciens composant la communauté se réfugièrent en Allemagne. Le prieur eut un asile assuré à Saint-Jean-de-Bassel, chez madame Thérèse Combette, sa sœur, veuve de l'amodiateur de l'ordre de Malte, J.-J. Klein, avocat au Parlement. Il y passa ses derniers jours dans la tranquillité, jouissant, comme ancien prieur, d'une pension du gouvernement. Il avait emporté de Haute-Seille divers objets, malheureusement perdus. On voit encore dans la salle d'honneur du couvent des sœurs de la Providence, à Saint-Jean-de-Bassel, trois beaux tableaux venant de lui. Ce sont des portraits d'abbés commendataires de l'abbaye au XVIIIe siècle (J. C. de Brisacier, H. Leclerc, N. Alliot, M. de la Tour du Pin Montauban ?). Le dernier abbé commendataire (1783), M. de Cambis, gentilhomme du comtat venaissin, aumônier de la reine (1781), émigra et mourut à Rome en 1792. L'abbaye lui rapportait 2,000 livres.

HÉRANGE. Sur la tour de l'église :

SIT NOMEN DOMI
NI BENEDICTVM
ÆDIFICATA 1565
RESTAVRATA 1782.

L'église date de 1785.

En 1570, la commune de Vintersbourg, voisine de celle de Hérange, et dépendant du comté de la Petite-Pierre, eut un ministre évangélique. En 1583, le pasteur de Hérange, Andreas Ihramer, desservit pendant trois mois Vintersbourg pendant l'absence du titulaire[1].

Cette cure était desservie, avant la Révolution, par les religieux de Lixheim. On sait avec quelle ardeur les tiercelins, appuyés par les ducs de Lorraine, puis, plus tard, par la France, cherchèrent à expulser l'hérésie de cette principauté.

HILBESHEIM. Sur une chapelle (route de Lixheim) :

Cette chapelle a
été érigée par la
dévotion de Jean Stub
et de Marie Corbèse
sa femme en l'honneur
de Jésus crucifié
1740.

1. Papiers de la cure luthérienne de Vintersbourg,

Une des rares chapelles qui ont survécu dans le pays aux terribles scènes des dernières années du dix-huitième siècle.

RHÉDING. Au-dessus de la porte d'une maison particulière :

QUI VEUT MÉDIRE D'ICI
S'ÉLOIGNE DE CE LIEU.
17. I. H. S. 17.

Inscription à remarquer dans un village entièrement allemand par le langage.

Les lettres S et B, entrelacées avec le millésime 1776, au-dessus de la porte d'une grange, nous apprennent que ce bâtiment a été fait par Marie-Joseph Maurice comte de Saintignon, chevalier, premier pair héréditaire de l'évêché de Verdun, seigneur de Rhéding, Nitting etc., grand bailli d'épée du bailliage de Fénétrange, marié à Marie-Thérèse de Beyerlé, fille du directeur de la monnaie de Strasbourg et seigneur de Niderviller.

Leur château, bâti à l'entrée du village, en venant de Sarrebourg, a disparu, mais la ferme seigneuriale est restée.

Au Petit-Eich, hameau dépendant de Rhéding, il a été bâti dernièrement une église ; on y lit ces quelques mots :

BATIE PAR
LOUIS MEYER
EN L'AN 1852
SOUS L'INVOCATION
DE SAINT LOUIS.

Au Grand-Eich, il existe dans la chapelle du grand Saint-Oury, une des plus anciennes inscriptions du pays. (V. *Journal de la Société d'Archéologie lorraine*, t. I, p. 167.)

BUHL. Sur le fronton de la porte :

Deo optimo. Sub Invoc. Galli. abbatis.
patroni in Bvhl.

L'église n'a gardé aucun souvenir du patronage ecclésiastique des commandeurs Teutoniques de Sarrebourg.

L'ermitage de Saint-Pierre, vendu au baron Lacombe en 1797, n'existe plus.

La maison de cure fut aliénée par la nation en 1796.

KERPRICH-AUX-BOIS. Sur la tour :

NON ESTHIC ALI
VD NISI DOM^{s} DNI.
1525. Genes. 28.

On voit au village beaucoup de granges portant la croix de Lorraine, entre les lettres qui forment le millésime MDCC✝XXXV.

Les comtes de Lutzelbourg, seigneurs de ce village jusqu'en 1789, sont établis en Bavière, où ils occupent un rang très-élevé.

LHOR. Sur la tour de l'église : PAX IN LHOR. 1772.

Sur l'antiphonaire et le graduel, selon le rituel romain : « *Acheté aux frais de la communauté par M. Bézu, curé de Lhor en* 1752. » C'est une édition de Lyon de 1730. Dans tout le pays, on ne se servait que de ces livres romains ; ceux de Mgr de Montmorency furent reçus avec beaucoup de difficultés.

Couvent de RENTING[1]. Au-dessus de la porte d'entrée du cimetière, aujourd'hui jardin potager :

NOS CVM PRO
LE PIA ✝ BENE
DICAT VIRGO MARIA. 1631.

1. Commune de Bébing.

L'église de Hartzwiller, canton de Sarrebourg, possède les autels de l'église du couvent. Les habitants ayant construit, pendant l'époque révolutionnaire, leur petite église[1], achetèrent le grand autel, les deux petits, la chaire à prêcher, les boiseries et des tableaux (saint Dominique et saint Thomas d'Aquin). Sur l'autel de la Vierge, on lit : *consolatrix afflictorum*. Sur celui de Saint-Antoine de Padoue : *consolator pauperum*, avec la date 1745[2]. Le grand autel, trop grand pour le chœur de l'humble église, est à baldaquin, à quatre colonnes soutenant une gloire au milieu de laquelle voltige la colombe symbolique. Les niches contenaient les statuettes de saint Dominique, de sainte Catherine de Sienne. Toutes ces sculptures sont faites avec une lourdeur et un mauvais goût que ne peut relever leur grandeur relative. Les religieuses de Renting, propriétaires de forêts, n'avaient pas épargné la matière première.

Les habitants de Brouviller avaient acheté une cloche du même couvent ; elle doit être fondue depuis longtemps

Sur l'autel de la Vierge, il y a une pierre de consécration datant de M. de Coislin.

† H. D. DV ÇAMBOUT. †
DE ÇOISLIN EPISC
METENSIS † 1707
† †

1. Les autels latéraux du couvent de Renting, brisés pendant la Révolution, étaient sous le vocable de la Sainte-Vierge et de saint Dominique.

2. Le millésime 1795 se lit sur le mur au couchant. Biberkirch était l'église mère de Hartzwiller.

Souvenir de l'ancienne circonscription ecclésiastique de l'évêché de Metz.

XOUAXANGE. Sur la porte remarquable de l'église : 1548. DOMVS MEA DOMUS ORATIONIS V. (*venite*) OREMUS.

De chaque côté du chœur deux tombes :

CI GIT
LE CORPS DE MARGVERITE
DEVIOT VEVVE DV SIEVR
JEANJEAN DE DOMJVVIN
DECEDE LE 16 MAI 1769
âgée de 85 ans.
Priez Dieu pour le repos
de son âme.

—

CIGIT le corps de Marguerite Jeanjean, veuve du sieur Mangenot, en son vivant avocat à la Cour, exerçant au bailliage de Lunéville, décédée le 13 décembre 1771, à l'âge de 63 ans. Priez pour le repos de son âme.

Mais ce qu'il y a de plus remarquable dans l'église de Xouaxange, c'est la statue de la Vierge de Renting, jadis déposée du côté gauche du maître-autel de l'église du monastère, puis placée à droite. En 1602, les bandes hérétiques qui ravageaient alors le pays défigurèrent la statue, lui coupèrent les deux bras et enlevèrent la tête de l'enfant Jésus[1]. Le père directeur, Nicolas Holstein, ne

1. A leur approche, la statue de la Vierge trembla, elle fit signe aux sœurs réfugiées à ses pieds de se sauver. Celles qui restèrent furent massacrées, avec le directeur, dans le jardin dit des Mouches à miel. Un ancien tableau, conservé avec soin, rappelait ces faits.

pouvant voir ces hideuses mutilations, fit brûler les têtes anciennes, et fit replacer de nouvelles sur les saints personnages. Le 19 novembre 1603, le feu éclata avec tant de fureur dans le couvent, que rien ne put échapper. Tous les ornements de l'église furent brûlés et les archives perdues. On attribua ce malheur à l'indiscrétion du T. R. P. qui aurait dû conserver les deux têtes précieuses pour servir de monument perpétuel de ce qui s'était passé.

Comme on le voit, la statue de Xouaxange n'est plus entière, sauf les têtes rapportées, la Vierge et le divin Enfant sont dans un état complet de mutilation, n'ayant plus de bras, et le cerisier, qui est, je crois, le bois dont la statue est faite, étant tout creusé et pourri par le bas ; les robes ont encore conservé une couleur d'un brun rougeâtre parsemé de fleurs d'or. C'est depuis la Révolution que la statue a été transportée à Xouaxange. L'église de Sarrebourg possède une copie de cette statue. Elle fut faite par ordre des bourgeois de la ville. Elle fut réparée en septembre 1779[1], on la plaça alors solennellement sur un autel collatéral, à côté gauche du grand autel. On la vénère encore aujourd'hui. Elle est placée contre un pilier, en face de l'admirable chaire, chef-d'œuvre du sculpteur sarrebourgeois Labroise. Le nombre des pèlerins de Xouaxange dépasse annuellement un millier de personnes. Les conscrits, sur le point de tirer au sort, font toucher à la Sainte-Vierge la chemise qu'ils doivent porter. Il en est de même pour le linge des malades. Malgré l'état de dégradation de cette statue, placée

1. Histoire de Renting, manuscrit appartenant au maire de Xouaxange, 4 ff.

sur l'autel latéral du côté de l'évangile, on n'ose ni la réparer, ni la changer de place.

BERTHELMING. On lit dans le premier volume des actes de l'état civil : « L'an 1755, ce douzième du mois de mars, présents J. Sticker, tailleur, syndic, Mathias Hagen, laboureur, et Etienne Hagen, cultivateur, une croix en pierre placée à la partie inférieure du village, sur la route qui conduit à Fénétrange, a été bénite avec toutes les cérémonies prescrites par le rituel par l'illustrissime Claude de Saint-Simon, notre évêque. En foi de quoi les dénommés ci-dessus ont signé avec moi. (Signatures.) Martin, pastor in Berthelming[1].

Cette croix a disparu pendant la Révolution et n'a pas été rétablie.

GOSSELMING. Avant la Révolution, il y existait deux cloches, dont plusieurs membres de la famille de Custine avaient été parrains. Voici le procès-verbal du curé :

« L'an mil sept cent soixante sept le seize juin ont été bénites par moy soussigné deux cloches, l'une de huit cent douze et l'autre de cinq cent quatre vingt quatorze livres, dont la première a eu pour parrain haut et puissant seigneur messire Philippe François Joseph comte de Custine et de Roussy, seigneur de Guermange, baron de Sarreck, grand fauconnier du feu roy de Pologne duc de Lorraine et de Bar et son grand sénéchal en la principauté de Lixheim, et pour marraine demoiselle Marie-Antoinette-Philippine de Custine, fille dudit seigneur ; et la seconde a eu pour parrain haut et puissant seigneur messire Adam Philippe, comte de Custine, seigneur de la baronnie de Sarreck, mestre de camp du régiment de son

1. Registres de l'Etat civil.

nom, gouverneur de Dieuze, et pour marraine haute et puissante dame Anne Marguerite Maguin, comtesse de Custine et de Roussy, mère dudit seigneur, qui ont signé avec moi. S. *Le comte de Custine père. Comte de Custine. Maguin de Custine. Marie Antoinette Philippine de Custine. N. Thil, curé.* »

La famille de Custine est connue : Antoinette-Philippine fut mariée à Albert-Louis baron de Pouilly, colonel du régiment de Cravates Cie, député aux Etats généraux de 1789, pour l'ordre de la noblesse du bailliage de Verdun. Elle eut le comté de Roussy en dot. Leur fils, Emmanuel de Pouilly, né le 14 janvier 1777, comte de Mensdorff, feld-maréchal lieutenant autrichien, épousa, le 22 février 1804, Sophie-Frédérique-Caroline-Louise de Saxe-Cobourg Gotha. Il devint ainsi oncle par alliance de la reine d'Angleterre. Leur fils est le comte de Mensdorff Pouilly, homme d'état célèbre.

ARTHUR BENOIT.

NOTE SUR DEUX PEINTRES VERRIERS.

Le compte de l'année 1548[1], des maîtres de la confrérie de Saint-Nicolas, fondée en l'église paroissiale de Saint-Laurent à Pont-à-Mousson, contient une mention relative à deux peintres verriers dont les noms nous étaient inconnus. On lit dans ce compte, au chapitre de la dépense :

« Payé à maistres Julien et Michiel pour la pourpaye » des voyrières, deux centz fr., comme appert par quic-

1. Archives de la Meurthe, G. 1135.

» tance desdicts painctres, nonobstant que la quictance » fasse mention de iij^c fr., car par le premier compte faict » mention de centz fr. »

Par le plus grand des hasards, car ce sont à peu près les seules qui se trouvent jointes aux comptes, les quittances dont il est parlé dans la note qui précède nous ont été conservées, et elles nous apprennent les noms des deux artistes qui firent la verrière de la chapelle Saint-Nicolas; voici la copie de ces quittances :

« Je Michiel Le Maire, painctre, demeurant à Bar, congnoy et confesse avoir eu et receu des confraires de la » confrairie Sainct Nicolas de Sainct Laurent du Pont à » Montson, par les mains de Jehan Raulin et du lieute- » nant du prévost dudict lieu, la somme de cent francs, » monnoye barrois, et ce pour et en déduction de la » somme de troys cens frans, dicte monnoye de Barrois, » que lesdicts confraires me doibvent à cause du marchiez » que j'ay faict avec eulx d'une verrière pour la chapelle » dudict saint Nicolas; desquelz cent frans j'en quicte » lesdicts confraires et tous autres à qui quictance en ap- » partiendra. Tesmoing mon seing manuel cy mis, l'an » cinq cens quarante sept (1548), le vingtiesme jour du » moys de febvrier.

» Q. pour c fr. barrois.

» Michiel Lemaire. »

« Je Michiel le Maire, painctre, demeurant à Bar, con- » gnois et confesse avoir receup des maistres de la con- » frairie monsieur St Nicolas et de Jehan Rolin, bou- » chier, pour aux noms de tous les confrères de ladicte » confrairie, les centz frans qu'il me debvoient pour » le second payement de la voyrière que j'ai faict; » desquelz j'en quicte lesdicts. Tesmoingz mon signet

» manuel icy mis le ixe d'aoust mil cincq cens quarante » et huict.

» Michiel Lemaire. »

« Nous Julyen Gilbert et Michel Le Maire, painctres, » confessons avoir receu de messieurs les gouverneurs » de la confrarie Sainct Nicolas scituée en l'église parro- » chialle Sainct Laurens du Pont à Mousson, la somme de » trois cens francs, monnoie de Lorraine, pour les vittres » faictes par nous en ladicte église, devant la chapelle » desdicts confraires : de laquelle somme de iijc fr., dicte » monnoie, nous en tenons contens, promettans par » ceste, signée de noz mains, en porter quictes envers » tous lesdicts gouverneurs et confraires de ladicte con- » frairie de St Nicolas et autres à qui quictance en peult » appartenir. Faict à Bar, le ije jour de novembre mil vc » quarante huict.

» Michel Lemaire. Julien Gilbert. »

Le lieu d'où est datée cette dernière quittance, semble indiquer que ces deux artistes étaient de Bar ; ils y faisaient du moins leur résidence.

H. L.

DONS FAITS AU MUSÉE LORRAIN.

M. Volland, secrétaire du Comité de la médaille commémorative des Facultés, vient de faire déposer au Musée, au nom de ce Comité, deux exemplaires de cette médaille, l'un en argent, l'autre en bronze.

— M. Goudchaux Schil a donné une fort belle taque en fonte, représentant un sujet allégorique, trouvée dans sa maison rue Montesquieu, n° 19.

— M. LEDUR (Célestin), de Gye, a offert un douzain en billon de Louis II de Bourbon-Montpensier (1560-1582). D. LVDOVI. D. MONTISP. D. DOMBAR, écu aux armes de Bourbon, couronné et accosté de deux lambdas couronnés.— R. DNS. ADIVTOR. ET. REDEM. MEVS, croix échancrée, cantonnée de deux lys et de deux couronnes surmontées d'un point.

BIBLIOGRAPHIE LORRAINE.

Les corps francs du commandant Brice en Lorraine. (Souvenirs de 1815.) (Signé : Arth. Benoit.) — Vitry-le-François, typ. de F.-V. Bitsch, 1868, in-8° de 2 feuilles 1/4. (Extrait de l'*Echo de la Marne.*)

Quelques mots sur une bélemnite du lias moyen, par M. l'abbé Friren. (Extrait du *Bulletin de la Société d'histoire naturelle de la Moselle...*) — Metz, J. Verronnais, 1868, in-8° de 3/4 de feuille et 1 planche.

L'âge de pierre en Lorraine, par D.-A. Godron,... — Nancy, Vve Raybois, 1868, in-8° d'une feuille 1/4 et 1 planche. (Extrait des *Mémoires de l'Académie de Stanislas.*)

Mémoire historique sur les institutions de France à Rome, puisé dans leurs archives et autres documents la plupart inédits, par Mgr Pierre La Croix,... — Paris, imp. de Victor Goupy, 1868, in-8° de 22 feuilles. (Voir, pag. 59-60 : *Chapelle des Quatre-Nations, France, Bourgogne,* Lorraine *et Savoie ;* et, pag. 93-96 : *Eglise et confrérie laïque de Saint-Nicolas des Lorrains.*)

De quelques antiquités gauloises en Lorraine, particulièrement du briquetage de la Seille, par M. P. Morey,... — Nancy, Vve Raybois, 1868, in-8° d'une feuille 1/2 et 1 planche. (Extrait des *Mémoires de l'Académie de Stanislas.*)

Les voies de communication locales. (Signé : Henri de l'Espée.) — Nancy, typ. A. Lepage (1868), in-8° de 3 feuilles.

Mémoire en réponse aux conclusions de MM. les ingénieurs des mines sur la demande en concession de MM. Maire et Mulot, de Nancy. — Nancy, typ. A. Lepage (1868), in-4° de 2 feuilles. (Mines de fer de la vallée de la Moselle.)

Notice sur des monnaies trouvées dans le département de la Meuse, 1865-1866, par M. le comte H. de Widranges. — Paris, rue de Lille, 30, 1867, in-8° d'une 1/2 feuille. (Extrait de l'*Annuaire de la Société française de numismatique.*)

De la défense de l'Alsace et des Vosges par les chemins de fer et les places fortes, par Paul Champy,... — Paris, imp. de Masson, 1868, in-8° d'une feuille.

Percée des Vosges. Projet mixte de Remiremont à Wesserling et à Munster. (Signé : Chanony ; Gérardmer, avril 1868.) — Nancy, imp. de Vve Raybois, in-8° d'une 1/2 feuille.

Percement des Vosges. Etat de la question. (Signé : Louis Bian, mai 1868.) — Mulhouse, imp. L. L. Bader, in-4° d'une feuille 1/2.

Journal d'un solitaire et voyage à la Schlucht par Gérardmer, Longemer et Retournemer, par Xavier Thiriat. — Remiremont, Mme Leduc, 1868, in-12 de 10 feuilles.

Règlement de la compagnie des notaires de l'arrondissement d'Epinal... — Epinal, imp. de L. Fricotel, 1868, in-4° de 8 feuilles 1/2.

Conclusions pour les communes de Domèvre et de Bayecourt contre les héritiers de Viermes. — Epinal, typ. L. Fricotel (1868), in-4° de 7 feuilles 1/2.

Règlement de la Société des francs-tireurs de Ligny. — Bar-le-Duc, imp. Contant-Laguerre, 1868, in-12 d'un tiers de feuille.

Bibliothèque populaire de Lunéville, règlement et catalogue. Mars 1868. — Lunéville, imp. de Majorelle, in-8° d'une feuille 1/4.

Un autographe du conseiller Bénigne Bossuet, père de l'évêque de Meaux, par M. Dommangel. (Extrait des *Mémoires la Société d'histoire et d'archéologie de la Moselle...*) — Metz, typ. de Rousseau-Pallez, 1868, in-8° d'une feuille. (Comptes de l'achat du séminaire de Sainte-Anne, à Metz.)

Metz de 1864 à 1914. (Signé : B. Faivre.) — Metz, typ. Rousseau-Pallez, in-8° d'une feuille 1/4. (Conférence faite à l'Hôtel de ville de Metz le 14 mars 1868. — Extrait de la *Revue de l'Est.*)

Catalogue des plantes cultivées en 1868-1869 au nouveau jardin botanique de Metz à Frescatelly, par J.-B. Géhin,... (Extrait du Bulletin de la Société d'histoire naturelle de la Moselle...) — Metz, J. Verronnais, 1868, in-8° de 7 feuilles 1/2.

Note pour l'industrie des tanneurs messeins. — Metz, typ. Rousseau-Pallez (1868), in-8° d'un 1/4 de feuille.

Préfecture de la Moselle. Concours régional agricole de Metz, du samedi 23 au dimanche 31 mai 1868... Catalogue. — Metz, imp. de V. Maline, 1868, in-8° de 2 feuilles 1/2.

Concours hippique. Metz, 28 mai 1868. Liste des prix. — Metz, imp. de V. Maline, in-8° d'une 1/2 feuille.

Concours d'horticulture. Metz, 31 mai 1868. Liste des prix. — Metz, imp. de V. Maline, in-4° d'une 1/2 feuille.

Résumé des observations météorologiques faites à la faculté des sciences de Nancy, en 1867, par M. J. Chautard,... 6e année. — Nancy, Vve Raybois, 1868, in-8° d'une feuille 1/2 et 2 tableaux. (Extrait des *Mémoires de l'Académie de Stanislas.*)

Exposition de 1868. Le salon de Nancy. A MM. les membres de la Société des amis des arts. (Signé : Ch. Grillot.) — Nancy, imp. de Vve Raybois, in-4° d'une feuille.

Du respect et du dévouement dans la famille et l'état. Allocution prononcée à Nancy dans l'Eglise des Cordeliers, le 19 mai 1868, à l'occasion de l'heureuse naissance de la princesse Marie, archiduchesse d'Autriche, par le R. P. J.-B. Gay,... — Nancy, imp. A. Lepage, 1868, in-8° d'une feuille 1/2.

Cour Impériale de Nancy... Mémoire pour les anciens usagers de Plaine, appelants contre la commune de Plaine (ancienne principauté de Salm) intimée. (Signé : E. Meaume, C. de la Ménardière, avocats, etc., 27 juin 1868.) — Nancy, Vve Raybois, 1868, in-8° de 18 feuilles 1/2.

Notice sur l'établissement d'une vermicellerie à Phlin... (Signé : L. Deckherr, 1er juillet 1868.) — Nancy, imp de Hinzelin, in-4° d'une feuille.

Affaire de Plombières. Arrêt de la Cour de cassation. — Epinal, typ. L. Fricotel (1868), in-4° d'une 1/2 feuille.

Hôpital de Saint-Dié... Observations présentées à MM. les députés au Corps législatif, par la commission hospitalière de Saint-Dié, sur le projet de loi partiel concernant les enfants assistés. — Saint-Dié, typ. de Ed. Trotot (1868), in-4° d'une feuille.

Essai du tracé et de la gare du chemin de fer de Verdun, pour servir dans le cas où le tracé actuel ne serait pas admis. (Signé : Jarry, 20 mars 1868.) — (Verdun), imp. de Laurent, in-8° de 2/3 de feuille.

(*La fin au prochain numéro.*)

Pour la commission de rédaction : le Président, Henri Lepage.

Nancy, imp. de A. LEPAGE, Grande-Rue (Ville-Vieille), 14.

H. Lepage

JOURNAL

DE LA

SOCIÉTÉ D'ARCHÉOLOGIE

ET DU

COMITÉ DU MUSÉE LORRAIN.

17e ANNÉE. — 9e ET 10e NUMÉROS. — SEPTEMBRE ET OCTOBRE 1868.

MÉMOIRES.

LES CAVEAUX DE NOTRE-DAME DE BON-SECOURS[1] ET PROCÈS-VERBAUX RELATIFS A LA CONSERVATION DES RESTES MORTELS DE STANISLAS.

I.

L'église de N.-D. de Bon-Secours occupe un des premiers rangs parmi les édifices historiques de Nancy, non-seulement à cause des souvenirs qui s'y rattachent et du pèlerinage dont elle est l'objet, mais encore à cause des monuments précieux qu'elle renferme. Personne n'ignore qu'elle a été construite sur l'emplacement d'une ancienne

1. *Notre-Dame de Bon-Secours* est le titre officiel donné par le fondateur René II, et conservé à l'église dans l'acte de son érection en succursale, le 5 mai 1844.

chapelle dite aussi de Notre-Dame-de-la-Victoire ou des Rois, et vulgairement des Bourguignons[1], parce que René II l'avait fait ériger, en 1484, à l'endroit où, après la bataille de Nancy, livrée dans le voisinage, près de 4,000 soldats, tant de son armée que de celle de Charles-le-Téméraire, avaient reçu la sépulture.

Toutes les particularités relatives à ce petit sanctuaire national ont été consignées dans un opuscule[2] qui aujourd'hui peut-être est oublié. Nous le rappelons seulement afin d'avoir occasion d'y ajouter, avant de parler des caveaux de l'église, une page, qui, si elle était authentique, ne serait pas la moins curieuse de son histoire. C'est « l'épitaphe » qui, suivant un écrivain moderne[3], se lisait dans la chapelle des Bourguignons :

Seigneurs, venans en lorrain territoire
Qui les Nancey rompistes par victoire,
L'entreprinse qu'avons conceu en cueur,
Donez des biens en ce poure oratoire
Pour nos aymes tirer de Purgatoire,
Levez aux cieux ceulx qu'en terre couchaistes !
Lorsqu'au besoing Dieu pour ayde huchastes
Et le bon sainct plecteur du pays (saint Nicolas).
Mais quoy qu'à droit vous nous avez hays
Ne nous en soit donc d'aulmône amendry.

Sous de croix double et de croix sainct Andry,
Secourez-nous par commune pitié,
Augures de paix, vide d'inimitié ;

1. Cette dénomination s'était conservée à l'espèce de petite chapelle près de la tour, où sont maintenant les chaises, de même que la petite chapelle à l'opposé s'appelait chapelle des Princes.

2. *La Chapelle de Bon-Secours ou des Bourguignons*, notice insérée dans l'Annuaire de 1852, et tirée à part.

3. M. de Bussierre, *Histoire de la ligue contre Charles-le-Téméraire*, p. 467.

Mais vous attrait de notre nation,
Faisant par icy pérégrination,
Plus qu'aultres gens nos soyez aulmôniers
Et libéraults de vos biens et deniers.
Que des princes feu Charles et René
Soit aboly le discort d'enfer né !
Qui l'ancienne aliance blessa,
Laissant la terre où Charles la laissa.

II.

Après cette courte digression, destinée à nous servir d'entrée en matière, revenons aux caveaux[1] dont nous avons spécialement à nous occuper. L'ouverture récente de celui de la nef a fait faire plusieurs découvertes intéressantes, et les procès-verbaux de reconnaissances qui ont eu lieu auparavant du caveau royal contiennent des détails qu'il est bon de recueillir, afin de détruire des erreurs qui se sont propagées jusqu'à nous.

On savait que, sous la nef de N.-D. de Bon-Secours, il existait un caveau voûté, et que ce caveau avait servi, avant la Révolution, de sépulture à plusieurs religieux Minimes, dont le couvent avait été fondé en 1609, et à qui était confiée l'administration de la chapelle. On savait aussi que l'ouverture de ce caveau était près du confessionnal à gauche en entrant dans l'église.

Le 12 octobre 1866, le petit carré de marbre qui couvre la clef de la pierre d'entrée[2], s'étant détaché et ayant

1. Ce qui a rapport à la description des caveaux est emprunté à des notes de M. l'abbé Morel, curé de N.-D. de Bon-Secours, et de M. l'abbé Marchal, chanoine honoraire de Nancy, lesquels ont complété les documents que nous publions ci-après par plusieurs notes et communications très-intéressantes.

2. A côté de cette pierre se trouve agencée également une autre

laissé la clef à découvert, on a levé la pierre et on est descendu dans le caveau. L'escalier par lequel on y descend a seize marches, de 0,21^{c} de hauteur de pas sur 0,30^{c} de giron; la largeur de la cage d'escalier est d'un mètre 20 cent.

Le caveau est un carré de 12 mèt. 20 cent. de côté, divisé en quatre voûtes surbaissées en arc de cloître, avec un pilier central qui les soutient et les relie. Partant, au dehors, des pilastres de l'église où sont les statues de saint François-Xavier et de saint Antoine de Padoue, ce caveau s'étend jusque près du palier des petits autels, ou plutôt jusqu'environ 50 centimètres au delà du balustre de communion. Ainsi, le pilier central des quatre voûtes du caveau n'est pas au milieu de la nef, c'est-à-dire ne correspond pas au centre du médaillon de l'Assomption, mais se trouve un peu plus avancé vers le chœur. Un puits, placé à peu près au-dessous du monument des Polonais, de 1814, et profond d'environ 4 mètres, reçoit un petit canal qui traverse le caveau en diagonale et semble correspondre avec le canal établi le long du caveau royal, au tombeau de la reine, pour se jeter dans le ruisseau de Jarville, près du pont.

Dans ce caveau sont trois petites croix en pierre, sortant simplement de terre, et portant les inscriptions suivantes :

Cy gist messire Antoine de la Chaussé, chevalier décédé le 19e *aoust* 1742.

Hic jacet R. P. A. Ceny ex Provincialis, obiit die 19^{a} 8^{bris} 1754.

pierre à clef qui donne accès à la totalité de l'escalier ; c'est par l'ouverture pratiquée au-dessus de cet escalier que les Minimes introduisaient les cercueils dans leur caveau.

Hic jacet R[everen]dus admodùm Pater Joannes Carolus Bruges Provincialis, obiit die 13 m. aprilis 1779.

On lit sur les piliers de la voûte, écrites avec du charbon, en lettres cursives assez mal faites, les sept épitaphes qui suivent :

Clautiers Thiebault 1780.
Le R. P. Bourgeois, mort le 20 8bre 1780.
P. Mengin, 1er *nov.* 1783.
P. Goute, décédé le 1er *février* 1785.
R. P. V. Preto, 23 *aoust* 1785.
R. P. Sglyhtt, le 7 *nov.* 1790.
Joseph Thiebault 1790.

Enfin, au fond du caveau, à droite, à peu près sous la porte du balustre qui conduit à la sacristie, se trouve une grande quantité d'ossements et de crânes jetés pêle-mêle en monceau.

Le caveau royal de N.-D. de Bon-Secours n'a pas la même largeur que le chœur de l'église ; il est construit dans le milieu de ce dernier, en sorte qu'il y a un intervalle entre le mur de fondation du chœur et la muraille même du caveau. Celui-ci, au dire des personnes qui y ont pénétré, est un carré d'environ 4 mètres de côté, formant une seule arcade de voûte, en forme de cloître. Il est pavé de dalles blanches et noires, comme la nef. Un petit autel, avec ornements et chandeliers en plomb, se trouve dans le fond, à peu près au-dessous du palier de l'autel actuel du chœur, et devant cet autel étaient les deux cercueils en plomb contenant les restes du Roi et de la Reine de Pologne. Un escalier assez large, à pente très-douce, qui commence à environ un mètre du balustre, conduit dans le caveau, qui a une ouverture cintrée fermée par une porte en fer.

Lorsqu'en 1814, on fit courir le bruit que le général Sokolnicki avait emporté les restes de Stanislas[1], la municipalité de Nancy fit descendre dans le caveau, pour y constater la présence du corps du roi, et, pour empêcher que de pareilles suppositions d'enlèvement pussent se reproduire, elle ordonna d'élever un mur devant la porte de fer ; on combla le tout et on établit le dallage qui subsiste encore aujourd'hui.

A une époque antérieure[2], l'autorité avait déjà dû faire procéder à la reconnaissance des restes des personnages inhumés dans le caveau royal de N.-D. de Bon-Secours,

1. Nous parlerons plus loin de ce prétendu enlèvement du corps du Roi de Pologne.

2. « Des mains sacriléges (1793) l'arrachent, dit M. Blau, à son cercueil de plomb, dont les débris doivent se convertir en balles meurtrières, et le relèguent au fond d'une voûte obscure, où il gît abandonné. De vils émissaires, qui se paraient du nom de Marseillais, envahissent notre cité..... et courent à l'église dépositaire des victimes signalées à leur vengeance. Mais le gardien de l'édifice sacré, feu M. Michel, marbrier, les avait prévenus. Jaloux de sauver d'une destruction imminente les mausolées remis à sa vigilance, il se hâte de les dépouiller de tous les attributs de la royauté et d'armer la main de Stanislas d'un drapeau tricolore. Puis, se présentant avec calme à ces vandales, il leur ouvre les portes du temple et les introduit devant les tombes dont ils avaient juré la ruine. Il affirme hardiment qu'elles renferment de bons patriotes.....

» Cependant... son mausolée (de Stanislas) et celui de son épouse, transportés dans un musée de sculpture, demeurent confondus avec les statues livrées à l'étude des artistes... » (P. 6 et 7 de la Notice historique sur Stanislas-le-Bienfaisant, par M. Blau, inspecteur de l'Académie de Nancy, membre de la Société royale des sciences, lettres et arts de la même ville. Nancy, chez Vidart et Jullien, libraires, au Pont-Mouja, 1831.)

et elle avait pris soin de faire dresser des procès-verbaux authentiques des opérations prescrites par elle, dans un but qui témoigne du respect qui s'attachait à la mémoire du dernier de nos souverains.

Ces documents officiels[1] n'ont pas encore été mis au jour, bien qu'ils renferment diverses particularités intéressantes ; aussi nous ont-ils paru mériter d'être publiés, autant pour faire connaître ces particularités, que pour rétablir certains faits dans toute leur exactitude.

Reconnaissance du corps de Stanislas, etc.

—

1803.

Cejourd'hui seize ventose an onze (7 mars 1803) de la République française, dix heures du matin,

Nous Joseph-François-Hubert Thierry, adjoint à la mairie de Nancy, instruit par le citoyen Krantz père, ferblantier en cette ville, que les ouvriers du citoyen Mourot, brasseur au faubourg de la Constitution[2], adjudicataire au ci-devant district de Nancy, du chœur de l'église des ex-chanoinesses de Bouxières, qui avait été construit à la suite de la chapelle de Bonsecours, en fouillant dans la partie du caveau qui faisait une dépendance de son adjudication, avaient trouvé ces corps inhumés ; me suis transporté, ensuite de l'invitation du maire, sur les lieux, pour en faire la reconnaissance, et, après avoir fait placer un factionnaire pour empêcher l'entrée du caveau, j'ai

1. Ils se trouvent, en originaux et en copies, aux Archives de la ville de Nancy et dans celles du département.

2. Le faubourg Saint-Pierre.

remarqué, d'après renseignements pris, que ce caveau se trouvait pour les cinq sixièmes, à peu près sous le chœur de l'église de Bonsecours, et l'autre sixième sous le chœur de l'église des ex-chanoinesses de Bouxières, qui avait été adjugé audit Mourot[1]; que Stanislas, roi de Pologne, avait fait construire ce caveau pour y recevoir son tombeau, le cœur de la reine de France, sa fille, épouse de Louis XV, et les tombeaux du duc et de la duchesse Ossolinski, ses parents ; que l'on communiquait autrefois à ce caveau par un escalier qui était dans le chœur de l'église de Bonsecours, et qui se trouvait scellé en ce moment ; que l'ouverture qui se présentait à l'extérieur avait été pratiquée, par ledit Mourot, dans la partie comprise dans la dépendance des terreins qui lui avaient été adjugés par le ci-devant district de Nancy ; étant descendu dans le caveau, au moyen d'une échelle et dans la partie adjugée audit Mourot, aurions reconnu que le pavé en pierres de taille était enlevé, et qu'on avait creusé d'environ un demi-pied dans l'endroit où se trouvaient les corps. Ayant pris des renseignements pour connaître la personne qui les avait inhumés, on nous a dit que le

1. Léopold *Morot* avait également acquis les bâtiments des Minimes et l'église, cette dernière pour la somme de ***trois millions cinq cent cinquante-deux mille francs***, dont un dixième seulement payable en numéraire. Quel motif avait pu l'engager à faire une acquisition si onéreuse ? nous l'ignorons ; ce qui s'est parfaitement conservé dans la mémoire des anciens habitants du faubourg, c'est que, quand Morot voulut commencer la démolition de l'église, les premiers témoins de cet acte de vandalisme allèrent jeter le cri d'alarme dans la ville et y excitèrent une espèce de soulèvement populaire. En présence de ces manifestations, le district envoya, dit on, deux officiers municipaux pour rassurer le peuple et lui déclarer que la vente de l'église serait résiliée, d'autant plus que l'acquéreur n'avait pu effectuer son premier paiement.

citoyen Hussenet, charcutier au faubourg de la Constitution, n° 145, nous donnerait toute indication à cet égard ; aussitôt nous aurions fait appeler ce particulier, qui nous a déclaré reconnaître ces corps pour être ceux de Stanislas, roi de Pologne, et de son épouse, du duc et de la duchesse Ossolinski, qu'il avait fait inhumer dans la même fosse en l'an deux, par ordre du ci-devant district de Nancy ; qu'à cette époque, il n'y existait plus que les ossements du duc et de la duchesse et de l'épouse de Stanislas ; mais que le corps de ce roi était encore dans son entier ; que les tombes en plomb et chêne qui renfermaient ces ossements et ce corps, ainsi que les bijoux précieux qui y étaient, de même que la boëte d'argent qui contenait le cœur de la reine de France, avaient dû être enlevés lors de l'inhumation par la même autorité. Aussitôt avons fait lever le corps de Stanislas, qui nous a été indiqué être dessus, et avons remarqué, en présence d'un grand nombre de personnes, que la tête était détachée du corps[1], entièrement décharnée et en deux parties, que le buste était en entier, que les bras, les cuisses, jambes et pieds étaient tombés en dissolution, de manière qu'il n'existait plus que des ossements ; avons fait aussi enlever les autres têtes, qui étaient également décharnées, ainsi que les ossements qui étaient dessous ce corps, et avons fait fouiller jusqu'à près de quatre pieds de profondeur, où il ne s'y est plus trouvé aucuns

1. Selon le dire de personnes honorables et bien informées, la tête de Stanislas aurait été violemment détachée du tronc, lors de la violation du caveau royal de N.-D. de Bon-Secours en 1793, par un ouvrier, lequel, animé de l'esprit haineux de ce temps déplorable, se serait servi de sa bêche en disant : « En voilà encore un qui n'a pas été guillotiné ! »

vestiges de corps ou d'ossements ; avons fait laver le corps de Stanislas, qui était encore rempli d'aromates, ramassé avec soin toutes les têtes et ossements, et les avons fait recueillir dans un cercueil en chêne d'environ deux mètres de longueur, et avons fait déposer le cercueil, après avoir fait clouer le couvercle dans une partie du caveau au-dessous du chœur de l'église de Bonsecours, à côté de l'escalier, après avoir pris la précaution de le faire élever aux deux extrémités, pour sa conservation, sur des pierres, à la hauteur de 10 centimètres, au-dessus du pavé dudit caveau ; avons ensuite fait construire un petit mur d'élévation jusqu'à la voûte, pour enfermer ce cercueil, et fait poser une pierre dans le milieu, avec cette inscription gravée : *Tombeau de Stanislas Leczinski, roi de Pologne, duc de Lorraine, mort à Lunéville le* 23 *février* 1766 ; *de Catherine Opalinska, son épouse, morte en* 1747 ; *du cœur de Marie Leczinska, leur fille, reine de France, épouse de Louis XV, morte en* 1768 ; *du duc et de la duchesse Ossolinski, morts tous deux en* 1756.

J'ai cru devoir prendre cette mesure, qui paraissait être dans l'opinion des assistants, pour transmettre à la postérité le souvenir d'un prince qui a comblé cette ville et la ci-devant province de Lorraine de ses bienfaits.

Il nous a été présenté une espèce de médaille qui avait été trouvée en levant les ossements, et, après l'avoir fait examiner, il a été reconnu qu'elle était attachée à un petit cordon en soie et cheveux, que le cercle était en argent doré, entouré de cailloux du Rhin, le derrière était garni en cheveux tressés, dans le milieu s'est trouvé un petit morceau de bois que l'on présume être de la vraie croix ; il était couvert d'un verre, qui paraît être de cristal. Je me suis nanti de cette médaille, en me réservant de la remettre à la mairie, pour en faire, par le citoyen préfet, la destination qu'il croira convenable.

Avons requis le citoyen Mourot, conformément au procès-verbal de son adjudication, d'élever au plutôt le mur séparatif de sa propriété d'avec le caveau dépendant de l'église de Bonsecours.

De tout quoi j'ai dressé le présent procès-verbal, au bureau de la mairie, sur les six heures de relevée, les jour, mois et an avant dits, et ai signé.

THIERRY, adjoint.

MANDEL.

—

Liberté. Egalité.

Nancy, le 17 ventose an onze de la République française.

Le Maire de la ville de Nancy au citoyen Préfet du département de la Meurthe,

Citoyen Préfet,

L'ancien gouvernement ayant autorisé la translation du chapitre des ci-devant chanoinesses de Bouxières à Bonsecours, on avait cru convenable de construire à la suite de la chapelle de Bonsecours le chœur de leur église ; la révolution ayant dérangé le projet de translation, les bâtiments qui avaient été construits, ainsi que les terreins en dépendants, ont été vendus comme domaine national, mais on a réservé, dans le contrat de vente, que l'ouverture qui avait été faite dans la chapelle de l'église de Bonsecours, serait fermée par un mur que l'adjudicataire serait tenu d'élever. Il résultait de cette clause que le sixième, à peu près, du caveau que Stanislas avait fait construire sous le chœur de l'église, s'était trouvé compris dans la dépendance du terrain vendu. C'est dans cette partie que l'ouverture du caveau a été faite par l'adjudicataire, qui, voulant faire tourner à son profit la pierre de taille qui y était, s'est aperçu qu'il y avait des corps inhumés.

Ayant été averti, le 15 courant, à cinq heures du soir, de ce fait, qui avait attiré un grand nombre de personnes, j'ai pris à l'instant toutes mesures de police pour empêcher l'accès du caveau, et prévenir par là tout esprit de fanatisme ou de malveillance.

Je me suis rendu, le lendemain 16, sur les lieux, et ai reconnu, d'après les renseignements qui m'ont été transmis, que c'étaient les dépouilles de Stanislas, roi de Pologne[1], du duc et de la duchesse Ossolinski. J'ai fait rassembler ces dépouilles, ainsi que tous les ossements, et les ai fait recueillir avec soin dans un cercueil de chêne, que j'ai fait faire, et qui a été déposé dans la partie se trouvant au-dessous du chœur de l'église réservée de la vente.

J'ai donné des ordres pour qu'on élevât un petit mur de clôture, et ai fait placer dans le milieu de ce mur une pierre de deux pieds carrés avec une inscription qui pût rappeler à la postérité le souvenir d'un prince qui a comblé cette ville et la ci-devant province de Lorraine de ses bienfaits. Outre que cette reconnaissance était due à sa mémoire, j'ai cru devoir, dans cette circonstance, seconder l'opinion de toutes les personnes qui étaient présentes, et qui m'ont engagé à prendre cette mesure pour

1. On oublie sans doute la Reine de Pologne, dont il a été question ci-dessus.

conserver le tombeau de ce prince et les restes de sa famille.

Plusieurs citoyens avaient paru désirer que le cercueil fût porté à l'église de Bonsecours pour faire faire des obsèques ; mais je leur ai observé que les corps n'étant pas dans le cas d'être transportés dans un local, mais seulement d'une place du caveau à une autre, je ne pourrais céder à leur demande, attendu que toutes les cérémonies religieuses avaient été observées dans le temps, lors du dépôt des corps au caveau.

Je pense, citoyen Préfet, que vous adopterez toutes les mesures que j'ai prises, persuadé de vos intentions à perpétuer le souvenir des personnages importants qui ont illustré leur pays, soit par leurs actions, soit par leurs talents et leurs lumières, soit enfin par des actes de bienfaisance.

Il m'a été rapporté, sur les lieux, que les cercueils en plomb qui servaient de tombeaux à ces corps, avaient été enlevés en l'an deux, par le ci-devant district de Nancy, et fondus pour être convertis en balles ; que la boëte d'or ou d'argent qui contenait le cœur de la reine de France, épouse de Louis XV, ainsi que les objets précieux qui étaient aussi renfermés dans les tombes, avaient également été enlevés par la même autorité.

Il m'a seulement été représenté une médaille qu'on a trouvée et qui était attachée à un cordon en cheveux ; je vais la faire examiner et vous en rendrai ensuite compte, pour savoir la destination que vous désirez lui donner.

Tel est le récit exact des faits qui se sont passés.

Salut et respect.

LALLEMAND, maire.

—

Nancy, le 19 ventose, 11e année de la République française.

Le Préfet du département de la Meurthe au maire de la commune de Nancy.

Citoyen,

J'ai reçu votre lettre du 17 du courant, par laquelle vous me rendez compte que l'adjudicataire des terreins contigus à l'église de Bonsecours, en faisant creuser pour élever un mur de séparation avec la même église, avait découvert le caveau dans lequel sont déposés les corps du roi Stanislas et des duc et duchesse d'Ossolinski.

Je ne puis qu'approuver les mesures que vous avez prises pour réunir et conserver d'une manière décente, dans la partie du caveau qui règne dans le chœur de l'église, les restes d'un prince dont le souvenir doit être si cher à la ci-devant province de Lorraine, et plus particulièrement encore à la ville de Nancy qui offre tant de monuments de sa bienfaisance et de son amour éclairé pour les arts.

Quant à la médaille trouvée avec les corps, mon intention est qu'elle soit, ainsi que le cordon de cheveux auquel elle était attachée, replacée dans le cercueil, comme les seuls objets qui soient échappés à la spoliation odieuse qu'on a exercée en l'an 2 dans ce même tombeau, que tant de considérations eussent dû faire respecter.

Vous voudrez bien me donner l'assurance de l'exécution de cette dernière disposition.

Je vous salue,

MARQUIS.

—

Nancy, le 20 ventose, l'an onze de la République française.

Le maire de la ville de Nancy au citoyen Préfet du département de la Meurthe.

Citoyen Préfet,

J'ai l'honneur de vous adresser copie du procès-verbal de reconnaissance et levée des restes de Stanislas, roi de Pologne ; de la reine, son épouse, du duc et de la duchesse Ossolinski, dressé par le citoyen Thierry, adjoint.

Je viens de recevoir l'honneur de votre lettre, en date du jour d'hier, par laquelle vous m'annoncez que vous approuvez toutes les mesures de police qui ont été prises pour réunir et conserver les restes de ce prince et de sa famille ; vous m'invitez, néanmoins, à replacer dans le cercueil la petite médaille qui a été trouvée parmi les ossements ; je vais la faire déposer à l'instant dans le cercueil et en ferai dresser procès-verbal.

Salut et respect,
LALLEMAND, maire.

—

Nancy, le 20 ventose an 11.

Le Préfet de la Meurthe au Grand-Juge et Ministre de la justice.

Citoyen Grand-Juge,

Je crois devoir vous informer d'un événement qui a fait ici quelque sensation et qui, dès lors, pourrait parvenir à votre connaissance avec des détails plus ou moins inexacts.

Je veux parler de l'ouverture du caveau dans lequel étaient déposés le corps de Stanislas-le-Bienfaisant, roi de Pologne, etc., et ceux du duc et de la duchesse Ossolinski.

J'ai, en conséquence, l'honneur de vous adresser copie du compte que le Maire m'a rendu de ce fait.

Ce compte vous fera connaître ce qui a donné lieu à l'ouverture du caveau et les mesures que la mairie a prises pour conserver d'une manière décente les restes d'un prince dont la mémoire doit être si chère à la ci-devant province de Lorraine et particulièrement à la ville de Nancy.

Vous remarquerez aussi qu'on a trouvé avec les corps une médaille attachée à un cordon en cheveux. J'ai donné au maire l'ordre de rétablir dans le cercueil cette médaille qui se trouve aujourd'hui le seul objet échappé à la spoliation odieuse qu'on a exercée en l'an 2, dans ce tombeau, que tant de considérations eussent dû faire respecter.

Salut et respect,
MARQUIS.

—

Cejourd'hui vingt-un ventose, an onze de la République française, quatre heures de relevée,

Nous Joseph-François-Hubert Tierry, adjoint à la mairie de Nancy, ensuite de l'invitation du Maire et pour l'exécution de la lettre du Préfet du département de la Meurthe, du 19 courant, portant que la médaille trouvée avec les restes de Stsnislas, de son épouse, du duc et de la duchesse Ossolinski, ainsi que le cordon en soie et cheveux, auquel elle était attachée, serait replacée dans le cercueil qui avait reçu ces corps ; nous sommes transporté, assisté du citoyen Marc, architecte de la commune, dans le caveau existant au-dessous du chœur de l'église de Bonsecours, et là avons fait desceller une partie du mur de clôture que nous avions fait élever pour enfermer

JOURNAL

DE LA

SOCIÉTÉ D'ARCHÉOLOGIE

ET DU

COMITÉ DU MUSÉE LORRAIN.

17e ANNÉE. — 11e NUMÉRO. — NOVEMBRE 1868.

SOCIÉTÉ D'ARCHÉOLOGIE.

TRAVAUX DE LA SOCIÉTÉ.

Séance du 14 août.

PRÉSIDENCE DE M. HENRI LEPAGE, PRÉSIDENT.

Le procès-verbal de la dernière séance est lu et adopté.

Admission de membres.

Sont admis comme membres titulaires de la Société : MM. l'abbé Burtin, secrétaire de l'évêché de Nancy; Albert Noël, de Nancy, et Léon Parisot, avocat à la Cour impériale.

Ouvrages offerts à la Société.

Les Seigneurs de Florennes, leurs sceaux et leurs monnaies, par Renier Chalon, membre de l'Académie royale de Belgique. Bruxelles, 1868, 5 planches.

Institution des sourds-muets et des enfants arriérés de Nancy, 40e année. Distribution des prix du 31 août 1867 et documents divers.

Visite de Sa Majesté l'Impératrice et de Son Altesse le Prince Impérial à l'institution des sourds-muets de Nancy, 17 juillet 1866.

Méthode de dactylologie pour l'éducation, l'instruction et les relations des sourds-muets, par M. Pinoux, directeur-fondateur de l'institution de Nancy.

Discours prononcés par S. Exc. M. Duruy, *Ministre de l'Instruction publique, et* M. Charles Robert, *conseiller d'Etat, au sujet d'une pétition relative à l'enseignement supérieur*. (Séances du Sénat des 22 et 23 mai 1868.)

Revue des Sociétés savantes des départements, publiée sous les auspices du Ministre de l'Instruction publique, 4e série, tome VII, avril 1868.

Lectures.

M. Lang donne lecture d'une *Notice sur l'église d'Essey-lès-Nancy*, et M. Louis Benoit lit un travail sur *les Antiquités du comté de Dabo*.

La Société vote l'impression de ces deux notices dans le prochain volume de ses *Mémoires*.

MÉMOIRES.

LE MOBILIER DE MESDAMES DE FRANCE, FILLES DE LOUIS XV, A PLOMBIÈRES.

Mesdames Adélaïde et Victoire, filles de Louis XV, vinrent prendre les eaux de Plombières pendant l'été de 1761. Elles logèrent, cette fois, dans la maison que les dames de Remiremont y possédaient pour celles d'entre elles qui avaient à y aller pour leur santé : le « Palais Royal » ne fut construit que l'année suivante, pour le second séjour des princesses. Il fallut tout improviser, et j'ai retrouvé dans les archives de Remiremont des notes assez curieuses pour être au moins indiquées brièvement ici.

L'intendant de la Galaizière commença par ordonner, le 16 juin 1761, au syndic de Remiremont, de faire exécuter pour 2,400 livres de réparations aux chaussées et de se procurer une grande quantité de planches pour faire les dispositions nécessaires à Plombières. Le subdélégué d'Epinal chargea, le 25 juin, l'architecte Salmon de requérir tous les maçons, tailleurs de pierre, charpentiers et autres ouvriers. Or, il fit dresser un état des habitants de Remiremont, pouvant contribuer à ces travaux, directement ou indirectement. Cet état donne les totaux suivants :

40 manœuvres ;

46 maçons, tailleurs de pierres ;

42 voituriers ;

25 charpentiers ;

46 exempts par noblesse, offices de ville, avocats, procureurs, huissiers, notaires ;

92 pauvres et infirmes ;

21 sortis depuis un an ;

44 morts depuis un an, ce qui, retranchant les déductions, et cent cinquante ouvriers sur les chemins, donnait quatre-vingt-cinq pour ces travaux.

Le 25 juin, le subdélégué donna l'ordre d'apporter les lattes et piquets pour dresser les tentes.

Il fallut meubler les appartements de Mesdames, qui arrivaient avec une suite nombreuse. Le subdélégué donna tout simplement au sieur Plus, tapissier du chapitre de Remiremont, l'ordre de se rendre, le 28 juin, à Epinal et à Remiremont, « pour faire dans les maisons les plus proprement meublées le choix des meubles, effets et ustensiles dont l'état lui a été indiqué et les faire expédier à Plombières ».

Voici la copie de cet état :

Une table de nuit, bois de hêtre ;
Six chaises, bois tourné, tapisseries ;
Deux fauteuils bois, capucine ;
Un lit duchesse complet ;
Une culbute, moquette damassée ;
Sept chaises, bois tourné tapisserie ;
Une table à écrire ;
Un lit à baldaquin serge rouge ;
Deux commodes, bois plaqué, garnitures de cuivre ;
Une tapisserie pékin ;
Deux tables à jeu ;
Six pièces de tapisserie damas lilas ;
Douze pièces tapisserie, verdures et personnages ;
Un lit duchesse, serge jaune, rubans roses ;
Trois paires de rideaux de vitre, indienne encadrée ;
Une table à jeu de piquet ;
Une table de nuit hêtre ;

Une armoire de sapin ;

Un lit duchesse serge brune ;

Quatre paires de chandeliers en cuivre et leurs mouchettes ;

Un lit duchesse satin rayé jaune et blanc ;

Trois lits de sangle ;

Douze paires de draps de toile ;

Une commode en noyer, garnitures de cuivre ;

Une table à pied, en chêne ;

Une table carrée ;

Trois tapis ;

Trois chaises percées ;

Une table de nuit en chêne.

Un autre état constate les objets perdus, et le taux du remboursement prouve la médiocrité de ce mobilier.

A M. Paxion, avocat, 10 livres pour une paire de flambeaux avec leurs mouchettes.

J. Mathieu, huissier, 2 livres pour un porte-mouchettes.

Andreu, chanoine, directeur de l'hôpital de Remiremont, 6 livres pour un traversin en coutil.

Thiriel, lieutenant au bailliage, 1 livre pour un fond de lit.

Lhuillier, 1 livre pour une armoire en sapin.

J. Humbert, ancien maire, 9 livres pour la toile de 7 chaises en tapisserie.

Doyette, ancien procureur du roi, 3 livres pour un pied de commode.

Rattard, marchand, 8 livres pour tapis de table à jeu.

Dame Renaud, veuve d'un capitaine de carabiniers 6 livres pour une paillasse.

Nous terminons en donnant la relation officielle de la réception des deux princesses dans le chapitre des dames d'Epinal, d'après le texte conservé dans le registre D., folic 1, des fonds dudit chapitre aux archives départementales des Vosges :

« Cejourd'hui quatorze août mil sept cent soixante-un, Mesdames les doyenne et chancinesses de l'insigne église collégialle et séculière de Saint-Gœry d'Epinal, immédiatement sujette au Saint-Siége, assemblées capitulairement après duë convocation, le chapitre, pour ne pas laisser ignorer à la postérité la visite dont Mesdames Adélaïde et Victoire, dames de France, l'ont honoré, a crû devoir faire insérer dans leurs registres la manière dont Mesdames ont été reçuës le treize de ce mois ; Mesdames Adélaïde et Victoire, accompagnées des dames et des seigneurs de leur cour, le chanoine célébrant à la grande porte de l'église, précédé de la croix, du clergé de la ville en surplis, des trois autres chanoines en chape, des diacre et sous-diacre en dalmatique, leur présenta l'eau bénite ; Mesdames de France sous le dais porté par les officiers du chapitre en habits noirs, rabats et manteaux courts, Madame l'abbesse en manteaux trainans, de même que Mesdames du chapitre, s'approcha de Mesdames de France et les complimenta tant en son nom qu'en celui du chapitre. Le compliment fini, les dames du chapitre suivirent immédiatement le clergé, puis Mesdames de France sous le dais, suivies des dames de leur cour, furent conduites jusqu'à la porte du chœur ; l'on avoit placé au milieu un prie-Dieu couvert d'un tapis de velour pour Mesdames. A leur arrivée au chœur, on chanta le *Te Deum,* pendant lequel on célébra une messe basse, et on donna ensuite la bénédiction. La cérémonie finie, Mesdames furent reconduites sous le dais jusqu'à la petite porte de l'église qui donne au cloitre ; Mesdames du

FRAGMENTS D'UNE STATUE DE VÉNUS EN BRONZE,

(un cinquième plus grande que nature),

trouvée en 1868 en aval du pont du ruisseau de Dieulouard à son embou-chure dans la Moselle devant Scarponne.

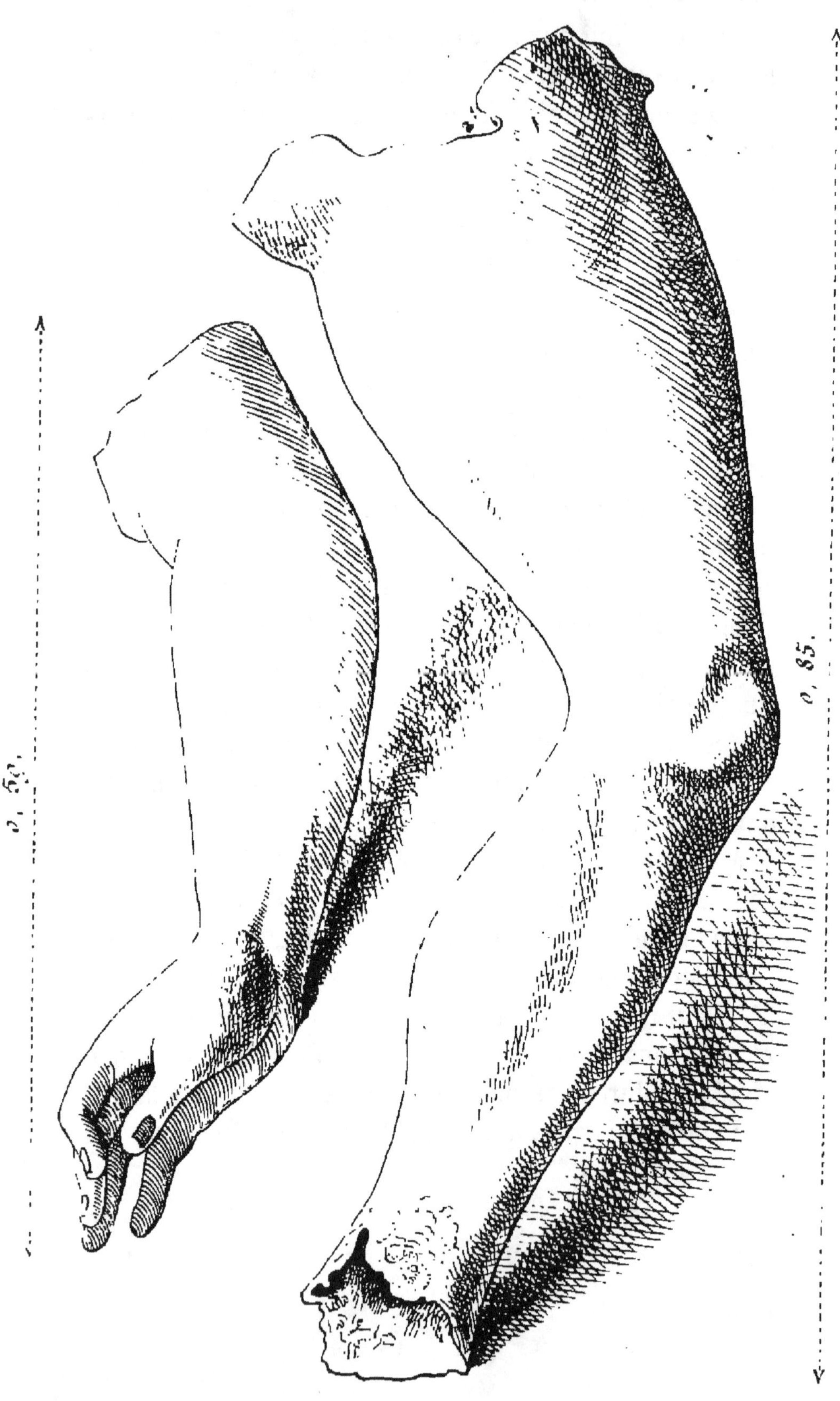

L. Benoit del.

Autog. L. Christophe, Nancy.

chapitre, toujours en manteaux de chœur, les suivirent jusqu'à cette porte, où elles quittèrent leurs manteaux ; Mesdames se rendirent à l'abbaye, où toutes les dames du chapitre eurent l'honneur de dîner avec elles.

» Signé : Perrin, par l'ordonnance du chapitre. »

E. DE BARTHÉLEMY.

LA VÉNUS DE SCARPONNE.

Depuis le commencement des remarquables travaux de canalisation de la Moselle, on a fait un assez grand nombre de découvertes d'objets de la période gallo-romaine, qui, présentant un certain intérêt archéologique, ont été, jusqu'à présent, déposés au Musée lorrain : ils appartiennent, la plupart, à la céramique, depuis l'*olla* rustique en terre noire jusqu'à la poterie rouge la plus fine. Ce qu'il y a de plus important à signaler, c'est une statue en bronze, du plus beau style[1]. Malheureusement il n'en reste que le bras droit et la jambe gauche. D'après ce spécimen, qui fait l'admiration des connaisseurs, il est permis de supposer que c'était une Vénus, la jambe légèrement pliée, dont le bras, quoique entièrement nu, semble avoir porté une légère draperie. Ses dimensions sont, de la saignée au poignet, de 0,32, le moignon 0,8, la main 0,19. Les doigts sont d'une exquise délicatesse ; l'index et le pouce rapprochés comme pour saisir une fleur. Quant à la jambe, à laquelle adhère une partie de la fesse de 0,10, la cuisse a 0,35 et le reste, jusqu'au talon, 0,30.

1. Voy. la planche ci-jointe.

Ajoutons que la circonférence du bras est de 0,36, celle de la cuisse 0,65 et du mollet 0,45. Cette statue, d'un cinquième plus grande que nature, semble avoir eu 2m 50. Quelle est l'origine de cette Vénus ? Sauf meilleure hypothèse, on peut conjecturer que lors de la chute du paganisme, cette divinité mythologique fut renversée de son piédestal à l'aide d'un instrument contondant, dont on ne remarque les traces qu'au-dessus de la cheville, et qu'en tombant, elle se brisa en plusieurs morceaux. Ces débris, d'un beau bronze, sur lesquels on ne voit aucune trace de patine, ce qui s'explique par leur long séjour au fond des eaux de la Moselle, furent chargés pour être conduits clandestinement vers la cité messine, sur un bateau qui sombra devant Scarponne, dans cette partie de la rivière sur laquelle s'élève le pont et les remblais de la voie ferrée : c'est à l'embouchure du ruisseau de Dieulouard, en aval. En effet, le conducteur chargé de présider aux travaux de construction du siphon, ayant remarqué, à 1m 75 en contrebas des fondations du pont du chemin de fer, un objet dans lequel s'étaient incrustés un grand nombre de cailloux, fit ramener par les ouvriers une ancre en fer, dans laquelle s'étaient également incrustés des cailloux, et que l'oxydation avait fait adhérer à la jambe de la statue dont il vient d'être question. Entendant sonner le creux, ils poussèrent plus loin leurs investigations et en retirèrent le bras caché dans la vase. Cette ancre, malgré la rouille qui l'a rongée, présente encore une longueur totale de 1m 07 sur 0m 75 de largeur des crochets ; on y remarque les restes de l'anneau. La crue subite de la Moselle a arrêté de nouvelles recherches, qui, sans doute, eussent été sans résultat, car le radier du chemin de fer cache en partie le lieu de la trouvaille, l'ancien lit de la rivière, où sombra le bateau, dont jusqu'à présent on n'a pas retrouvé les débris.

Faisons des vœux pour que ces précieux vestiges de l'art antique, déposés en ce moment dans le bureau de MM. les ingénieurs, enrichissent un des musées de la ville de Nancy, où ils pourraient mieux que partout ailleurs attendre la découverte des autres débris de la statue qui a disparu sous les flots de la Moselle.

Louis BENOIT.

NOTE SUR LES PLANS DE NANCY.

Les plans de Nancy sont un peu comme les portraits gravés ou lithographiés ; on exécute une foule de copies d'après la même gravure, et le dessinateur a toute latitude de faire des variantes.

Voici un plan de Nancy, acheté à Rome, et qui doit avoir été copié sur celui de La Ruelle, de 1611.

Il a 242 millimètres de largeur et 180 millimètres de hauteur. Au milieu on lit : NANSI ; à côté se trouve un écusson non rempli. Au bas, dans des jardins, on lit : *I Laurus,* 1621. Sauf les écarts du graveur, qui dessinait à quelques centaines de lieues de la capitale du duché de Lorraine, ce plan doit être considéré, comme je l'ai dit plus haut, comme calqué sur celui de La Ruelle. La légende au bas est en italien.

M. Noël, dans son *Catalogue,* indique un plan de Defer (n° 3301) avec la date de 1646. En 1705, on vendait les mêmes plans avec la date changée; « ruse de commerce, évidemment », dit le célèbre collectionneur ; cette date ne peut être vraie (n° 3502). Du reste, on voit facilement le grattage du cuivre.

Arthur BENOIT.

LA CROIX SAINTE-MARGUERITE (*Saxon-Sion*).

En allant de Sion à Vaudémont par le plateau, avant d'arriver au bois, on remarque, à droite et sur le côté du chemin, une croix en pierre déjà ancienne, placée tout récemment sur un poteau : c'est la *croix Sainte-Marguerite,* élevée, vers 1622, par la duchesse de Lorraine Marguerite de Gonzague, épouse du bon duc Henri. Ce monument, renversé et mutilé à la Révolution probablement, se composait d'un soubassement, d'un fût et de la croix que nous voyons. Les deux premières parties ont disparu ; elles portaient, d'après le P. Ange Trouillot, les armes de la princesse unies à celles de Lorraine. Il y a deux ans, la croix conservée gisait encore sur un pierrier, entre deux champs, à cinquante mètres du chemin ; mais dans le courant de l'année 1867, on a eu la pieuse pensée de la relever et de la placer décemment, sinon à grands frais, sur le bord du chemin.

E. OLRY.

COMITÉ DU MUSÉE LORRAIN.

Dans sa séance du 12 de ce mois, la Commission (composée de MM. de Saint-Florent et Jules Gouy) chargée d'examiner les comptes de M. le Trésorier, a donné lecture de son rapport, dont la rédaction a été adoptée par le Comité.

Ce document se termine ainsi : « En vous présentant » son rapport, votre Commission regarde comme un de» voir pour elle de constater que M. l'abbé Guillaume » s'est acquitté, *pendant dix-neuf ans*, des fonctions » de trésorier avec un zèle et une régularité auxquels, » chaque année, le Comité s'est plu à rendre hommage ».

DONS FAITS AU MUSÉE LORRAIN.

M. l'abbé Trouillet, curé de Saint-Epvre, a offert une suite de onze portraits à l'huile qui décoraient les appartements du château de Lunéville, et doivent représenter des personnages de la cour de Stanislas.

— M. Simon, maire de Glonville, a donné un très-beau teston en argent, du duc Léopold.

— M. Puel, agent comptable de la Société d'Archéologie, a fait don de deux fers de cheval trouvés à 15 mètres de profondeur en creusant un puits à la saline de Rosières-Varangéville.

— M. L. Benoit, Raoul Guérin et L. Quintard ont offert une plaque en bronze et un clou de provenance gallo-romaine, trouvés par eux à Scarponne.

— M. Rollin, fondeur en bronze, a donné une monnaie de Galba en argent, avec le revers : S. P. q. R. ob. c. s. (*Senatus populusque romanus ob cives servatos*).

— M. Paul Paris, de Void, élève au lycée impérial de Nancy, a donné : 1° une monnaie d'argent trouvée à Void (attribuée aux Eduins par M. de Saulcy) ; 2° deux autres monnaies gauloises en bronze, découvertes à Boviolles, dans l'enceinte d'un camp romain (monnayage primitif de l'Est et du Nord-Est ; d'un côté une tête barbare, de l'autre un sanglier entre les jambes duquel est une fleur à trois pétales).

— Enfin, l'ADMINISTRATION DE L'ECOLE FORESTIÈRE a fait don d'une taque historiée, décorée des armoiries d'un évêque ou d'un abbé.

ACQUISITIONS FAITES PAR LE COMITÉ.

Le Comité a acquis : 1° un coffret en bois sculpté, de Bagard ;

2° Une épée trouvée à Favières ;

3° Un panneau en bois sculpté ;

4° Un arrosoir historié, en cuivre.

BIBLIOGRAPHIE LORRAINE.

(Suite et fin.)

Eu, son château, son église. Guide descriptif et historique, par M. B*******. — Eu, Mme Allard-Leroux (1868), in-16 de 5 feuilles 1/2. (A consulter pour l'histoire de la maison de Guise.)

Jeanne d'Arc et la délivrance d'Orléans. Discours prononcé dans la cathédrale d'Orléans en la fête du 8 mai 1868, par M. l'abbé Beaunard... Imprimé par les soins de la ville d'Orléans. — Orléans, imp. E. Chenu, 1868, in-8° de 2 feuilles.

Orléans ou la France au XVe siècle, par Valentin Fréville. — Limoges, Barbou frères (1868), in-18 de 4 feuilles.

Etude historique et physiologique. Jeanne d'Arc, par Le Ricque de Monchy,... — Montpellier, Boehm et fils, 1868, in-8° de 4 feuilles 1/4.

Les deux procès de condamnation, les enquêtes et la sentence de réhabilitation de Jeanne d'Arc, mis pour la première fois intégralement en français d'après les textes latins originaux officiels, avec notes, notices, éclaircissements, documents divers et introduction, par E. O'Reilly,... — Paris, Henri Plon, 1868, 2 vol. in-8°.

Jeanne d'Arc, par Mme Agathe de Saux. — Paris, P. Lethielleux, 1868, in-18 de viij-199 pages. (En vers, avec introduction historique.)

Etude sur le mystère du siége d'Orléans et sur Jacques Millet, auteur présumé de ce mystère. Thèse de doctorat, présentée à la Faculté des lettres de Paris, par H. Tivier,... — Paris, Ernest Thorin, 1868, in-8° de 18 feuilles 2/3.

Les fêtes d'Orléans du mois de mai 1868... (Signé : R. Agnès.) — Beaugency, Félix Renou, 1868, in-8° d'une feuille. (En vers.)

Programme des fêtes de mai 1868. — Orléans, imp. E. Chenu, in-32 d'un 1/4 de feuille.

Stances à Jeanne d'Arc. (Par une Orléanaise.) — Orléans, H. Herluison, 1868, in-32 de 24 pages.

Statistique des collections de médailles appartenant à des particuliers, par M. le vicomte de Ponton d'Amécourt. — Paris, rue de Lille, 30, in-8° d'une 1/2 feuille. (Lettre A. C. Voir, page 4, collection Berbain, à Charmes. — Extrait de l'*Annuaire de la Société française de numismatique*.)

Essai sur la biographie de M. de Clévy, par un membre du clergé de Nancy. — Nancy, Bordes frères, 1868, in-8° de 2 feuilles. (Nicolas de Clévy, vicaire-général de Toul, né à La Marche en janvier 1697, mort le 9 octobre 1767.)

Notice sur la vie et les œuvres du R. P. François Derand, architecte lorrain, par M. P. Morey,... — Nancy, Vve Raybois, 1868, in-8° d'une feuille 1/4. (Extrait des *Mémoires de l'Académie de Stanislas*.)

M. Gardar, professeur à la Faculté des lettres de Paris, par J.-A. Schmit. — Louvain, typ. de C.-J. Fonteyn, 1868, in-8° d'une 1/2 feuille. (Eugène Gandar, de Rémilly. — Extrait de la *Revue catholique*.)

Claude-Modeste de Granrut. (Signé : C.-A. S., 30 avril 1868.) — Châlons, imp. T. Martin, in-8° d'un 1/4 de feuille. (Granrut, architecte, né à Cologne en 1809, d'une famille meusienne, mort à Châlons le 26 avril 1868. — Extrait du *Journal de la Marne*.)

Souvenir de Marie-Joseph-Louis Herrgott, élève du pensionnat Saint-Joseph, à Beauregard (Thionville), décédé dans sa famille le 5 décembre 1867. (Signé : F. A***.) — Metz, typ. de Nouvian, 1868, in-8° de 3 feuilles 1/4. (Né à Villerupt (Moselle), le 20 février 1857.)

Monseigneur Jager. Notice biographique, par M. l'abbé Darras. — Paris, Charles Douniol, 1868, in-8° de 3 feuilles.

Renseignements sur quelques peintres et graveurs des XVIIe et XVIIIe siècles. Israël Silvestre et ses descendants, par E. de Silvestre. — Paris, Vve Bouchard-Huzard, in-8° de 10 feuilles, 2 fac simile et 1 tableau généalogique.

CHRONIQUE.

Vers le milieu du mois de juillet dernier, des ouvriers employés au défrichement d'un bois nommé le Schengel, commune de Mittersheim, canton de Fénétrange, ont découvert sous la racine d'un hêtre, à plus d'un mètre en terre, une statuette équestre en pierre blanche, assez friable, bien conservée. Malheureusement, comme elle se trouvait prise entre les racines de l'arbre, elle fut brisée en plusieurs morceaux, qui furent recueillis avec soin. Cette sculpture gallo-romaine a près de 75 centimètres de hauteur. L'Hercule, car c'est ce dieu qui doit être représenté, est nu-tête, l'œil menaçant, le nez recourbé, la barbe très-forte ; son vêtement est collant, ses gantelets ont des écailles. Le cheval, bien modelé, a un mors. Les ouvriers ont recueilli trois fragments de coutelas, un os et un morceau de tuile ancienne.

MONUMENT A ÉRIGER A DOM CALMET DANS L'ÉGLISE DE SENONES.

La lettre suivante a été adressée, à ce sujet, au Président de la Société d'Archéologie :

« Monsieur le Président,

» J'ai l'honneur de vous envoyer un exemplaire de la brochure que je viens de publier sur les fouilles entreprises dans l'église de Senones pour retrouver les restes de Dom Calmet.

» L'intention du Conseil municipal de la ville est d'élever un monument sur le caveau où vont être déposés les ossements retrouvés.

» Comme la gloire de Dom Calmet appartient à la Lorraine tout entière, nous avons pensé que nous devions dès l'abord faire appel à la Société dont vous êtes le président, pour lui réclamer son concours. Je viens donc vous prier de vouloir bien, à la prochaine réunion, proposer la lecture du compte-rendu des fouilles, et de provoquer l'ouverture d'une souscription. Je ne doute pas que toutes les personnes que les anciens souvenirs intéressent ne nous donnent leur appui en cherchant à étendre parmi leurs amis le nombre des souscripteurs de l'œuvre.

» J'ai l'honneur, etc.

» F. Seillière,

» *Secrétaire de la Commission du monument de Dom Calmet.* »

Nous extrayons les passages suivants de la circulaire envoyée par la Commission :

« Les restes de Dom Calmet, ancien abbé de Senones, ont été exhumés au mois de septembre dernier ; déposés dans un cercueil de chêne, ils seront placés dans le caveau préparé depuis longtemps, à cet effet, à l'entrée de l'église de Senones.

» Le Conseil municipal de la ville et le Comité de reconstruction de l'église ont pris l'initiative d'une souscription pour élever, sur le nouveau caveau, un monument digne de la gloire du célèbre Bénédictin.

» La Commission, nommée spécialement pour réunir les fonds et construire le monument, a pensé que la ville de Senones ne devait pas seule avoir l'honneur de contribuer à une œuvre intéressant tous ceux qui ont à cœur l'histoire de leur pays. Elle fait donc un appel général à tous les habitants de la Lorraine, et à toutes les personnes, au dehors, que l'exemple d'une vie de science et de vertu doit émouvoir. »

Après avoir entendu lecture de la lettre qui précède, la Société d'Archéologie, dans sa séance du 13 de ce mois, a voté une somme de cent francs comme témoignage de sympathie pour l'œuvre en question ; elle a décidé, en outre, qu'une souscription serait ouverte dans son Journal, et elle a chargé son Trésorier[1] de recevoir les offrandes des personnes qui voudraient s'associer à cette manifestation.

Première liste de souscription.

La Société d'Archéologie lorraine............ 100 fr.

MM.

Louis Benoit.......................... 5
Alexandre Geny.......................... 20
Geny, sous-inspecteur des forêts............ 10
Melin, architecte.......................... 5
Henri Lepage.......................... 5
L'abbé Guillaume.......................... 5
Ch. Laprevote.......................... 5
Boiselle (2e souscription).......................... 5
Lallement de Vernon.......................... 5
Le baron G. de Dumast.......................... 20
De Metz-Noblat.......................... 20
De Foblant.......................... 20
Boiselle (l'abbé), du diocèse de Sens (*Senones*). 5
Le comte Martimprey de Romécourt.......... 5
Charlot, conseiller à la Cour.......................... 5
Duserre, négociant.......................... 5
De Bonneval.......................... 5
Jules Gouy.......................... 20

Total de la 1re liste............ 268 fr.

1. M. l'abbé Guillaume, rue du Haut-Bourgeois, 11.

Pour la commission de rédaction : le Président, HENRI LEPAGE.

Nancy, imp. de A. LEPAGE, Grande-Rue (Ville-Vieille), 14.

JOURNAL

DE LA

SOCIÉTÉ D'ARCHÉOLOGIE

ET DU

COMITÉ DU MUSÉE LORRAIN.

17e ANNÉE. — 12e NUMÉRO. — DÉCEMBRE 1868.

SOCIÉTÉ D'ARCHÉOLOGIE.

TRAVAUX DE LA SOCIÉTÉ.

Séance du 13 novembre.

PRÉSIDENCE DE M. HENRI LEPAGE, PRÉSIDENT.

Le procès-verbal de la séance du 14 août est lu et adopté.

Renouvellement du Bureau.

L'ordre du jour appelle le renouvellement du Bureau, et, à cet effet, M. le Président déclare ouvert un scrutin secret, auquel prennent part MM. les membres de la Société qui assistent à la séance. Il est ensuite procédé au dépouillement de ce scrutin, et M. le Président proclame comme devant faire partie du Bureau de la Société pour l'année 1869 :

Président, M. Henri Lepage ;
Vice-président, M. Alexandre Geny ;
Secrétaire annuel, M. Ch. Laprevote ;
Trésorier, M. l'abbé Guillaume ;
Secrétaires-adjoints, MM. L. Wiener et Volfrom ;
Bibliothécaire, M. de Bonneval.

Le Président donne lecture d'une lettre de M. Joly, architecte à Lunéville, relative à la sépulture du P. Hugo, évêque de Ptolémaïde[1], dans l'église d'Etival, ainsi que de quelques notes explicatives et rectificatives fournies par un membre de la Société. A la suite de cette lecture, le Président fait observer que la lettre de M. Joly ayant déjà été insérée dans un des journaux de Nancy, il estime qu'il n'y a pas lieu de la réimprimer dans le *Journal de la Société*. Les membres présents, consultés à ce sujet, adoptent la manière de voir du Président, qui est d'ailleurs conforme à l'esprit qui a engagé la Société à prendre la décision du 11 décembre 1865, rappelée dans la séance du 9 novembre 1866.

Le Président donne lecture d'une circulaire adressée par un comité qui se propose, avec le concours de la Société pour la conservation des monuments historiques d'Alsace, d'entreprendre la publication, par souscription, des chroniques et mémoires les plus intéressants concernant l'histoire d'Alsace. La Société d'Archéologie lor-

1. Depuis sa séance, la Société a reçu une nouvelle lettre rectificative. Voy. ci-après, p. 230.

raine désirant aider, autant qu'il lui est possible, à la réussite d'une œuvre aussi éminemment utile, décide qu'il sera donné, dans son Journal, communication à ses membres de l'ouverture de cette souscription, qui est de 20 francs par an, et qui donne droit à toutes les publications qui auront paru dans l'année (environ deux volumes in-8°). La liste reste ouverte jusqu'au 28 février 1869, chez M. Lehr, trésorier, quai Saint-Thomas, 3, à Strasbourg, et chez M. Ignace Chauffour, avocat à la Cour impériale de Colmar.

Présentation de candidats.

Sont présentés comme candidats : M. Arthur Thiriön, licencié en droit à Sarrebourg, par MM. l'abbé Lorrain, l'abbé Picard et Louis Benoit ; M. Varroy, ingénieur des ponts et chaussées, par MM. Bretagne, Rouyer et Laprevote, et M. Frédéric Seillière, industriel à Senones, par MM. Geny, Boiselle et Wiener.

Ouvrages offerts à la Société.

Histoire de Verdun et du pays verdunois, par M. l'abbé Clouet, bibliothécaire de la ville. Verdun, 1868, tome II.

Quelques questions de géographie moyen âge, par M. H. Lepage.

Note sur un anneau-support trouvé dans la Meurthe, par M. Raoul Guérin, de la Société d'Archéologie lorraine, 1868.

La Commune (1265-1589). *Droits et usages de Lunéville et villages voisins,* par M. Alexandre Joly.

Compte-rendu par M. FRÉDÉRIC SEILLIÈRE, *des fouilles entreprises pour retrouver les restes de Dom Calmet, abbé de Senones*, septembre 1868.

Journal de Jean Bauchez, greffier de Plappeville au 17e siècle, publié pour la première fois d'après le manuscrit original, par MM. CH. ABEL et E. DE BOUTEILLER.

Projet d'un tunnel réunissant les ports et les chantiers de la gare du canal de la Marne au Rhin à Nancy avec la gare aux marchandises du chemin de fer de Paris à Strasbourg, par M. MOREY.

Assistance publique. — Rapport sur le service départemental de l'assistance médicale et de la vaccine du département de la Meurthe pendant l'exercice 1867, par M. le docteur E. SIMONIN.

Société de Saint-Vincent de Paul. Assemblée générale des conférences de Nancy du 23 juillet 1868.

Le Postillon lorrain, 1869. Envoi de M. VAGNER.

Mémoires de l'Académie de Stanislas, 1867.

Bulletin de la Société du Musée de Bar-le-Duc, tome Ier, 1867.

Mémoires de l'Académie impériale de Metz, XLVIIIe année, 1866-1867, 2e série, XVe année.

L'Institut, journal universel des Sciences et des Sociétés savantes en France et à l'étranger, 2e section, sciences historiques, archéologiques et philosophiques, 33e année, mai, juin, juillet et août 1868.

Revue des Sociétés savantes des départements, publiée sous les auspices du Ministre de l'Instruction publique, 4e série, tome VIII, mai, juin et juillet 1868.

Distribution des récompenses accordées aux Sociétés savantes, le 18 avril 1868.

Bulletin de la Société des Antiquaires de Picardie, année 1868, nos 1 et 2.

Bulletins de la Société des Antiquaires de l'Ouest, 2e trimestre de 1868.

Bulletin de la commission des Antiquités départementales du Pas-de-Calais, tome II, no 5, 1868.

Mémoires et documents publiés par la Société savoisienne d'Histoire et d'Archéologie, tome II, 1867.

Mémoires de la Société impériale archéologique du Midi de la France, établie à Toulouse en 1831, tome IX, 3e livraison.

Bulletin de la Société des Sciences historiques et naturelles de l'Yonne, année 1868, 22e volume, 2e de la 2e série, 1er et 2e trimestres de 1868.

Mémoires de la Société impériale d'Agriculture, Sciences et Arts d'Angers (*ancienne Académie d'Angers*), nouvelle période, tome IIe, 1868, no 1.

Annales de la Société d'Agriculture, Sciences, Arts et Commerce du Puy, tome XXVIII, 1866-1867.

Mémoires de l'Académie du Gard, novembre 1866 à août 1867.

Annales de la Société historique et archéologique de Château-Thierry, année 1867.

Annales archéologiques, publiées par Didron aîné, tome XXVe, 2e, 3e, 4e, 5e et 6e livraisons.

Hagiographie du diocèse d'Amiens, ou histoire des saints qui appartiennent à cette église par leur naissance, leur qualification, leur séjour prolongé ou leur mort, par M. l'abbé Jules Corblet. — Introduction.

Mémoires et dissertations sur les antiquités nationales et étrangères, publiés par la Société royale des Antiquaires de France, 1817-1823. (Ces cinq volumes, les premiers, les plus rares de cette intéressante collection, ont été offerts à la Société par M. l'abbé Picard.)

Lectures.

M. H. Lepage donne lecture de deux travaux adressés par M. Schmit et intitulés : *Catalogue des estampes relatives à la guerre de Trente-Ans, et Campagnes de Louis XIII en Lorraine, écrites de sa main.*

La Société vote l'impression de ces recherches dans le prochain volume de ses *Mémoires*.

M. l'abbé Marchal lit une notice *Sur l'origine du nom de Nancy,* qui sera insérée dans les *Mémoires de la Société* en 1869.

M. Louis Benoit communique une *Note sur quelques objets trouvés à Scarponne.* (Cette note a paru dans le dernier numéro du *Journal,* accompagnée d'une planche.)

MÉMOIRES.

INSCRIPTIONS CONSERVÉES DANS L'ÉGLISE DE L'ANCIENNE ABBAYE D'ETIVAL.

Notre confrère M. Fontaine, architecte à Saint-Dié, ancien élève de première classe à l'Ecole des Beaux-Arts, nous a adressé une lettre en réponse à celle que M. Joly a fait insérer dans l'*Espérance* du 16 septembre dernier, et à laquelle, pour ce motif, il n'a pas été donné place dans notre Journal. M. Fontaine nous fait savoir qu'ayant été chargé, il y a deux ans, de la restauration de l'église d'Etival, il a fait enlever tout le pavé du transept et l'a fait remplacer par un pavé neuf. Il ajoute que M. le Maire de la commune avait tellement à cœur la conservation des quatre inscriptions qui se trouvent dans l'église, qu'il a voulu s'assurer par lui-même que l'on prenait à leur égard toutes les précautions, et que les quatre tablettes ont été déposées et reposées l'une après l'autre en sa présence.

M. Fontaine a bien voulu joindre à sa lettre une copie des quatre inscriptions dont il vient d'être parlé, et nous croyons faire plaisir à nos lecteurs en les reproduisant :

Inscription du R. P. Siméon Godin, scellée au mur du transept[1].

D. O. M.
R^{mo} Patri ac Domino D.
Simeoni Godin,
Inclitæ Stivagiensis
Canoniæ per annos XL Abbati
Meritissimo
Tractus Stivagiensis, Novæ-Villæ,
Monstreoli, et Nohenii
Prælato ordinario,
et temporali dynastæ,
Morum innocentia, cordis humilitate,
modestia, religione,
Viro spectabili,
nulli secundo,
In congregatione Norbertina
Sindico generali,
Definitori, Visitatori
sæpe renuntiato, semper
merenti.
Prælaturam, urgente potius
humilitate
quam premente ætatis octogenariæ
Sarcina

1. Le cadre ornementé dans lequel se trouve cette inscription, est surmonté du portrait du P. Godin, peint sur marbre.

Sponte exuenti,
ut totum interiori vitæ se daret,
quam totus excoluit.
Hoc pietatis monumentum
et virtutis
perennandæ Anathema,
Moestus et Gratus posuit Successor
Pater C. L. Hugo
Grato Prædecessori
ne quem mors invide sustulit
IV° octobris MDCCXXIII
Posteritati eriperet post fata
Victurum Æterne.

—

Inscription du neveu du R. P. Hugo, scellée au mur, bas-côtés.

D. O. M.
Carolus Hyacinthus HUGO,
Dominus in Spitzemberg,
avita et equestri nobilitate,
Urbanitate morum, cordis
celsitudine inclytus,
hic jacet.
Militiæ inscriptus adolescens,
Loricam exuit,
Parentum jussis obediens filius,
ut Themidis forum frequentaret.
Dicendi, scribendi, computandi
Peritus.
Judicio Leopoldi I. Lotharingiæ
ducis regii et Barri
rationum regiarum supremus Judex
renuntiatus est.
Prænobili Virgini Annæ Lhuylier de Spizemberg
collocatus in matrimonium,
Trinam ex ea prolem suscepit,
et quarto felicis connubii anno
vix desinente,
moritur anno ætatis suæ XXXVIII,

ad hoc monasterium ex pietate
diversatus,
ut mortui Coadjutoris parentaret manibus,
morbo corripitur :
et omnibus Ecclesiæ sacramentis summa pietate
susceptis
inter Patrui sui Abbatis hujus loci
et Episcopi Ptolemaïdis manus
piam efflavit animam,
die Januarii XXIV anni MDCCXXXVIII.
Optimo Conjugi mœrens Sponsa
hoc monumentum poni
curavit.
Eadem in hac Parochia Stivag. duas
augustissimi sacramenti missas solemnes
Dominica prænuntiatas
in memoriam sponsi et sui ipsius,
singulis primis diebus jovis januarii et februarii
annuatim
fundavit in perpetuum
sacris peractus
majoribus campanis tunc et pridie lamentantibus
feretro
heteromello cereisque decorato
lugubris pompe terminatur
decantato.
Libera me Domine.

—

Inscriptions tumulaires du R. P. Godin et du neveu du R. P. Hugo.

†

Hic jacet
Reverendissimus Pater
ac Dominus
Simeon Godin Abbas
hujus Ecclesiæ et
Dominus Spiritualis

ac temporalis Tractus
Stivagii
obiit IV Octobris
MDCCXXIII.
†

—

†
Cy Gist Messire
Charles Hyacinte (*sic*) HUGO
Chevalier Seigneur de
Spitzemberg, Conseiller
et Maître en la Chambre
des Comptes de Lorraine
décédé en notre Abbaye
d'Etival ce XXIV Janvier
MDCCXXXVIII.
Requiescat in pace.
†

Inscriptions tumulaires des RR. PP. Saulnier et Hugo.

†
HIC JACET
Rus Pater Carolus Saulnier
hujus Canoniæ Prior illustr[mi]
D. D. Caroli Ludovici Hugo
Episcopi Ptolemaïdis, Abbatis
nostri regularis Coadjutor
electus et inauguratus
obiit IVe Januarii MDCCXXXVIII
magno omnium luctu.
Requiescat in Pace.
†

—

†
Hic Jacet Rus ac Illus
D. D. Carolus Ludovicus
Hugo Epus Ptolem.
Abbas Reg. Stivagii et
ejus territorii S. Sedi

immediate subjecti
Prælatus ordinar. et
D[illegible] temporalis
Pie in Christo obiit
Augusti die 2ª 1739
†

DONS FAITS AU MUSÉE LORRAIN.

M. Charles de ROZIÈRES a offert un petit volume intitulé : *Le comte de Dunois*. Paris, Claude Barbin, 1671. Petit in-12. La reliure, qui en fait surtout le prix, est en satin blanc, avec des broderies d'or et d'argent. Au milieu se trouvent, aussi en broderie, les armes de Charles-Alexandre de Lorraine, gouverneur des Pays-Bas, grand maître de l'ordre Teutonique.

— M. GRIDEL, de Baccarat, a envoyé une caisse remplie d'objets provenant de la trouvaille faite dans cette ville : marmite à trois pieds, jatte en terre, bien conservée, fragments de vases en terre vernissée, fers de cheval, grands clous, blé calciné, etc.

— M. Arthur BENOIT, de Berthelming, a donné la photographie d'une gravure de Dominique Colin, portant la date de 1751 : c'est un *ex libris* de Frédéric-Alexandre baron de Schell.

(*La suite des dons au prochain numéro.*)

CHRONIQUE.

Le Président de la Société d'Archéologie a reçu la lettre suivante :

« Senones, 20 novembre 1868.

» Monsieur,

» La Commission municipale du monument de Dom Calmet me charge de vous transmettre tous ses remerciements pour la généreuse offrande que la Société d'Archéologie lorraine a bien voulu lui envoyer. Nous étions sûrs à l'avance que Nancy, la vieille capitale, ne nous abandonnerait pas. Patronnés par Mgr l'Evêque et la Société savante dont vous êtes le président, nous arriverons certainement à réunir des sommes considérables. Nous avons aujourd'hui en caisse 3,500 fr.

» Permettez-moi, Monsieur, de vous remercier personnellement pour l'appui que vous avez bien voulu nous donner dans l'œuvre patriotique que nous avons entreprise.

» Je suis, etc. J. Seillière,

» *Secrétaire de la Commission du monument de Dom Calmet.* »

Par une nouvelle lettre, en date du 22 décembre, M. Seillière nous informe que la souscription a atteint le chiffre de 7,500 fr. environ.

MONUMENT A ÉRIGER A DOM CALMET DANS L'ÉGLISE DE SENONES.

Seconde liste de souscription.

MM.

Domergue de Saint-Florent	5
Cournault (Charles)	5
Contal (Edmond), avocat	5
Gouy de Bellocq	20
Chartener, propriétaire à Metz	5
Total de la 2e liste	40 fr.

BIBLIOGRAPHIE LORRAINE.

Notre confrère M. Constant Lapaix vient de mettre en vente son *Armorial des villes, bourgs et villages de la Lorraine, du Barrois et des Trois-Evêchés*. Cet important ouvrage, qui forme un magnifique volume in-4°, a été couronné par la Société d'Emulation des Vosges, qui a décerné à l'auteur une médaille de vermeil. Cette récompense était justement méritée, et nous nous associons aux éloges qui ont été décernés à M. Lapaix.

Pour la commission de rédaction : le Président, Henri Lepage.

TABLE DES MATIÈRES.

I. Société d'Archéologie.

Séances.

Mémoires et Communications.

Variétés.

Chronique.

Nécrologie.

II. Musée lorrain.

Bibliographie lorraine.

Planches.

Nancy, imp. de A. LEPAGE, Grande-Rue (Ville-Vieille), 14.

www.ingramcontent.com/pod-product-compliance
Lightning Source LLC
LaVergne TN
LVHW080537160826
845677LV00008B/1495
* 9 7 8 2 3 2 9 7 6 7 1 4 7 *